POLYGLOTT

CORNWALL SÜDENGLAND

ON TOUR

W0306600

DIE AU

DOROTHEA ANDREWS

lebt seit 1999 in Bristol in Südwestengland. In ihrer Heimatstadt Berlin war sie als Journalistin tätig; seit ihrem Umzug auf die Insel arbeitet sie als Reiseleiterin überwiegend in Cornwall, wo sie vor allem das zauberhafte mediterrane Flair schätzt: herrliche Sandstrände, Künstlerateliers, Galerien und die gelassene Atmosphäre einer Urlaubsregion, die sich ihren keltischen Ursprung bewahren konnte.

Unser E-Book-Code zur elektronischen Erweiterung des POLYGLOTT on tour. Das kostenlose E-Book enthält die im Reiseführer aufgeführten Adressen entlang der Touren, beispielsweise zu Essen und Trinken, Shoppen, Aktivitäten und Hotel-Tipps. Links auf einen externen Kartendienst vereinfachen das Auffinden dieser Adressen.

WWW.POLYGLOTT.DE

6 TYPISCH

20 REISEPLANUNG & ADRESSEN

32 LAND & LEUTE

SEITENBLICK

ERSTKLASSIG

ALLGEMEINE KARTEN

REGIONEN-KARTEN

SYMBOLE ALLGEMEIN

Erstklassig: Besondere Tipps der Autoren

Seitenblick: Spannende Anekdoten zum Reiseziel

12 Top-Highlights und

Highlights der Destination

48 TOUREN & SEHENSWERTES

TOUR-SYMBOLE

- ❶ Die POLYGLOTT-Touren
- 6 Stationen einer Tour
- A1 Die Koordinate verweist auf die Platzierung in der Faltkarte
- a1 Platzierung Rückseite Faltkarte

PREIS-SYMBOLE

	Hotel DZ	Restaurant
€	bis 70 £	bis 20 £
€€	70 bis 150 £	20 bis 35 £
€€€	über 150 £	über 35 £

ZEICHENERKLÄRUNG DER KARTEN

(Seite=Kapitelanfang) beschriebenes Stadtviertel

10 E h Sehenswürdigkeiten

4 Tourenvorschlag

Autobahn

Schnellstraße

Hauptstraße

sonstige Straßen

Fußgängerzone

Eisenbahn

Staatsgrenze

Landesgrenze

Nationalparkgrenze

Perfekte Planung > Parallel vordere Klappe aufschlagen

TOP 12 HIGHLIGHTS

1 ST MICHAEL'S MOUNT > S. 64
2 MINACK THEATRE > S. 66
3 ST IVES > S. 67
4 LOST GARDENS OF HELIGAN > S. 71
5 LANHYDROCK HOUSE > S. 77
6 DARTMOOR > S. 83
7 BATH > S. 109
8 STONEHENGE > S. 116
9 DURDLE DOOR > S. 120
10 WINDSOR CASTLE > S. 130
11 SISSINGHURST CASTLE GARDENS > S. 141
12 CANTERBURY CATHEDRAL > S. 144

Lizard Point mit seinem weißen Leuchtturm markiert die Südspitze Englands

TYPISCH

CORNWALL IST EINE REISE WERT!

Das Land des ewigen Frühlings zieht mit seiner Natur, seinem Licht und seiner Lebensart Künstler und Urlauber gleichermaßen in seinen Bann. Eine entspannte Mischung aus Kultur, hochwertigen Boutiquen und guten Lokalen garantiert einen Urlaub zum Wohlfühlen.

DOROTHEA ANDREWS
Die Autorin lebt in Südwestengland und arbeitet als Reiseleiterin überwiegend in Cornwall, wo sie vor allem das zauberhafte mediterrane Flair schätzt: herrliche Sandstrände, Künstlerateliers, Galerien und die gelassene Atmosphäre einer Urlaubsregion, die sich ihren keltischen Ursprung bewahren konnte.

Die Diesellok der Great Western Railway verlässt keuchend den Bahnhof von Bristol, schon sitzt eine ältere Dame neben mir und betreibt Konversation. Nach dem obligatorischen Schwätzchen über das Wetter will sie wissen, wo meine Reise denn hingeht. Nach Cornwall, sage ich, worauf sie ihre Stirn in Falten wirft und leise flüstert, »oh dear«, das Völkchen dort unten sei ja wirklich »odd«, also zumindest »distinct«, was wohl dasselbe bedeuten soll, nämlich sonderbar.

Windig ist es in Südenglands Küstengebieten oft

Nach guten zwei Stunden erreicht unser Zug die Royal Albert Bridge kurz hinter Plymouth. Brunels Meisterwerk überspannt den Fluss Tamar, der Cornwall gleichsam als Halbinsel vom Rest des Königreichs abtrennt und die Grenze zu Devon bildet. Wer ihn überquert, gelangt in ein keltisch geprägtes Land mit eigener Identität voller schaurig-schöner Geschichten, Helden, Heiligen und Mythen.

Kernow a'gas dynnergh! – Welcome to Cornwall! – begrüßt uns ein Schild in zwei Sprachen. Die unbekannte ist *Kernewek,* die kornische Ursprache der Kelten. Zwar beherrschen sie nur die wenigsten der rund 540 000 Einwohner, aber das tut ihrem Gefühl, eine eigene Nation und nicht wirklich Teil Englands zu sein, keinen Abbruch.

Entsprechend stolz sind sie auf ihre Kultur und Vergangenheit. Im ganzen Land sind prähistorische Relikte wie Steinkreise, Dolmen, Menhire, keltische Kreuze und heilige Brunnen mit magischen Kräften anzutreffen. Viele Einwohner hängen heidnischen Ritualen und Glaubensbekenntnissen an, die sogar Teil des Religionsunterrichts in den Schulen sind. Ständig begegnet man Menschen, die unsichtbare Energielinien *(leylines)* aufspüren oder glauben, dass sich Feen um die Natur kümmern und glücksbringende Kobolde *(piskies* oder *pixies)* den Menschen Streiche spielen. Ich trage selbst so einen Kobold um den Hals – schließlich könnte ja doch was dran sein. Wenn es nach den Legenden der Einheimischen geht, hat der Riese Cormoran die Klosterinsel des St Michael's Mount erbaut, und Glastonbury ist die Insel Avalon. Wer's glaubt wird selig. Da ist es nur mehr als passend, dass auch Europas größtes Hexenmuseum in Cornwall zu finden ist.

Von solchem Hokuspokus ist bei meiner Ankunft in St Ives jedoch nichts zu spüren. Nur ein paar Schritte sind es vom Bahnhof bis an den Porthminster-Strand. Silbermöwen ziehen kreischend am azurblauen Himmel ihre Kreise, Kinder juchzen laut auf, wenn die eisigen Wellen ihnen an den Bauch klatschen. Es riecht nach Salz, Schweiß und Sonnencreme, und ich setze mich ins Beach Café. So schön kann Cornwall sein, wenn die Sonne scheint. Dann liegt ein Flirren in der Luft, und die Palmen wiegen sich im Wind – dann ist es hier fast wie in der Südsee!

Auf der Kaimauer hat sich ein Gentleman mit Sonnenhut vor einer Staffelei aufgebaut und fängt die Szenerie auf seiner Leinwand ein. Kunst gehört hier zum Alltag, dazu muss man gar nicht ins Museum. Es wird richtig eng in den schmalen Gassen, rund um den Hafen herrscht dichtes Gedränge. Trotzdem nimmt sich scheinbar jeder Zeit: Zeit für einen Plausch, Zeit für einen Cream Tea, Zeit für einen Schoppen. Da kommt mir ein schöner Spruch in den Sinn, den ich im »Blue Peter« in Polperro las: »There is a curve that puts most things straight – a smile.« (Es gibt eine Kurve, die fast alles gerade biegt: ein Lächeln.) Das könnte das Motto Cornwalls sein.

Ist es aber nicht, in Wirklichkeit lautet der Wahlspruch »One and All« (Einer für alle, alle für einen). Das passt genauso gut. Denn in ihrer Not mussten die Menschen hier schon oft zusammenstehen. Noch immer gehört Cornwall zu den strukturschwächsten Regionen der Insel und setzt deshalb ganz auf den Tourismus. Gut für mich und meine Gäste. Altbackene Hotels werden von heimischen Jungdesignern aufgemöbelt, Künstler bauen verfallene Fischerkaten in Ateliers um, Wassersportler bringen den Urlaubern das Kayaken und Surfen bei.

Am meisten aber punktet Cornwall mit seiner einzigartigen Natur. Vor allem die Vegetation ist atemberaubend: Im Frühjahr verwandeln sich die Wiesen in ein gelbes Blumenmeer voller Osterglocken, am Wegesrand wuchern knallbunte Rhododendren, Kamelien und Azaleen bis in den Himmel. Selbst Palmen und Baumfarne, Zedern und Bananenstauden sind hier heimisch. Im Herbst bilden die Moorlandschaften einen lila schimmernden Heideteppich, tausenderlei Wildblumen übersäen die Felder.

Am liebsten sind mir deswegen die Wanderreisen: dann geht es auf dem South West Coast Path immer an der Küste entlang, dem Trampelpfad der Schmuggler und Schmuggelpatrouillen folgend. Nur so sieht man die Riesenhaie, Delfine und Seehunde, die sich in den glasklaren Wassern vor Cornwall räkeln. Nur so erreicht man die abgeschiedenen Fischer- und Piratennester, auf deren Kaimauern sich Hummerkörbe stapeln, die Strände und Klippen, die man sich beschwerlich erwandern muss, dafür aber ganz für sich alleine hat. *Kernow a'gas dynnergh!* Willkommen in Cornwall! Willkommen im Paradies!

Ein Austernfischer im Hafen von Mousehole nahe Penzance macht sein Boot klar

WAS STECKT DAHINTER?

Die kleinen Geheimnisse sind oftmals die spannendsten. Hier werden die Geschichten hinter den Kulissen erzählt.

WARUM WIRD IN ENGLAND LINKS GEFAHREN?

Diese Frage hat sich wohl jeder Englandbesucher irgendwann einmal gestellt. Es gibt mehrere Erklärungen dafür, aber eines ist gewiss: Bis ins Mittelalter fuhr bzw. ritt man in ganz Europa auf der linken Seite. Denn wer die schützenden Stadtmauern verließ, musste sich jederzeit für seine Verteidigung bereithalten – und die Schwerthand war in der Regel die rechte. Auch die Kutscher saßen rechts auf dem Bock, weil sie mit der rechten Hand ihre Peitsche schwangen.

Der Rechtsverkehr ist ein Kind der Französischen Revolution, der sich mit Napoleon in den von ihm eroberten Ländern verbreitete. Die anderen Europäer folgten peu à peu – bis auf die Briten. Die letzten Europäer, die von Links- auf Rechtsverkehr umstellten, waren 1967 die Schweden. Weltweit allerdings fahren mehr Menschen auf der linken Straßenseite als auf der rechten. Das liegt daran, dass viele der 59 Länder mit Linksverkehr sehr bevölkerungsreiche ehemalige britische Kolonien und Dominions sind.

WARUM STEHEN AUF DEN SCHORNSTEINEN TONTÖPFE?

Ab dem 16. Jh. entwickelten sich in England aus den Feuer- und Kochstellen in den Wohnküchen der Privathäuser erstmals Kamine zum Heizen. Da Kamine lange nicht so viel Wärme abgeben wie etwa ein Kachelofen, erhielt bald jedes Zimmer einen eigenen Kamin. Im 17. Jh. erließ König Karl II. eine »hearth tax«, eine Kaminsteuer, die sich u.a. nach der Anzahl der Schornsteine richtete. So kam die Mode auf, mehrere Rauchabzüge in einem Schornstein zu verbauen. Jeder dieser Rauchabzüge erhielt einen Schornsteinaufsatz *(chimney pot)*. Nur der Adel leistete sich noch viele Schornsteine als Zeichen von Wohlstand – zeigte es doch, wie viele Räume man beheizen konnte.

WARUM IST DER ENGLISCHE RASEN SO SCHÖN?

Zum einen wird für englischen Rasen eine Samenmischung von besonders hoher Qualität verwendet. Zum anderen herrschen für sein gutes Gedeihen – samtig weich, dicht, äußerst robust und saftig grün – auf der Insel die optimalen Wetterbedingungen: häufiger Regen und eine permanent feuchte Luft. Darum braucht der klassische englische Rasen in seiner Heimat nur verhältnismäßig wenig Pflege. Regelmäßiges Mähen auf 2–4 cm Länge ist allerdings unerlässlich, und Perfektionisten verzichten auch in England nicht aufs Vertikutieren und Düngen.

50 DINGE, DIE SIE ...

Hier wird entdeckt, probiert, gestaunt, Urlaubserinnerungen werden gesammelt und Fettnäpfe clever umgangen. Diese Tipps machen Lust auf mehr und lassen Sie die ganz typischen Seiten erleben. Viel Spaß dabei!

... ERLEBEN SOLLTEN

1 Atemberaubende Sicht 30 % der kornischen Küste gelten als *Area of Outstanding Natural Beauty* – in einem 20-minütigen Rundflug ab Land's End Airport A/B6 erfahren Sie diese majestätische Naturschönheit aus der Luft (ab £ 50/ Person, www.landsendairport.co.uk).

2 Mit dem Pinsel eins werden St Ives › S. 67 ist seit über einem Jahrhundert Künstlerkolonie. Wo besser ließe sich das Malen erlernen als dort in der School of Painting (Porthmeor Studios, Tel. 01736-797 180, www.schoolofpainting.co.uk)?

3 Auf den Wellen reiten Cornwalls Strände sind ein Surferparadies! Hot Spot ist Newquay › S. 73; für Anfänger ist die St Ives Surf School am Porthmeor Beach › S. 67 eine gute Wahl (Tel. 01736-793 938, www.stivessurfschool.co.uk).

4 Nur Fliegen ist schöner Mit Superman-Kostüm verkleidet, können Sie am SkyWire über die stillgelegte Kaolingrube sausen, in der sich das Eden Project › S. 72 befindet. Auf der 660 m langen Strecke erreichen Sie eine Spitzengeschwindigkeit von bis zu 90 km/h!

5 Zur Schicht in den Schacht Einst arbeiteten in Cornwall rund 40 000 Kumpel im Zinn- und Kupferbergbau. Eine Vorstellung von den harten Arbeitsbedingungen der Menschen damals gibt ein Besuch der Zinnmine in Geevor › S. 67.

6 Verirren auf Englisch Eine Dreiviertelmeile ist es lang, das Heckenlabyrinth Glendurgans › S. 61. Der Irrgarten aus Lorbeer stammt von 1833, und bis jetzt hat noch jeder wieder herausgefunden.

7 Come Crabbing! Angelleinen und Netze verkauft jeder Strandladen. Nun noch Speck oder Dosensardinen als Köder besorgt, und schon beißt die gemeine Strandkrabbe im seichten Wasser an.

8 Küstensafari Cornwalls Küstengewässer sind ein Biotop für Delfine, Seehunde und Wale; in den Klippen nisten Seevögel. Orca Sea Safaris B6 bringt Sie hin (Events Square, Discovery Quay, Falmouth, Tel. 07468-496531, www.orcaseasafaris.wixsite.com/extended).

9 Seine spirituelle Seite entdecken Der Mên-an-Tol › S. 66 ist ein wahrhaft magischer Ort. Dem 3000 bis 4000 Jahre alten Lochstein aus

Heckenlabyrinth im Glendurgan Garden

der Bronzezeit wird nachgesagt, dass Frauen, die siebenmal rückwärts hindurch klettern, schwanger werden. Das probiere aus, wer sich traut.

10 Auf der Glasscheibe über dem Nichts Von drei Plattformen aus bietet der 170 m hohe Spinnacker Tower › S. 123 in Portsmouth eine grandiose Sicht über den Solent zur Isle of Wight. Wer schwindelfrei ist, stelle sich auf eine der Glasscheiben, die freie Sicht nach unten bieten: 100 m tief bis zum Asphalt …

... PROBIEREN SOLLTEN

11 Das Mittagsessen der Bergarbeiter Cornish Pasty heißt die nahrhafte Teigtasche, die traditionell mit Rindfleisch, Rüben, Zwiebeln und Kartoffeln gefüllt ist. Bei Ann's Pasties › S. 63 bekommen Sie die besten.

12 Der Tee zum Essen Ein Cornish Cream Tea besteht aus Hefeteigbrötchen *(scones)*, Erdbeerkonfitüre und *clotted cream*, einem eingedickten Rahm – typisch englisch! Probieren Sie es im Porthminster Beach Cafe › S. 68 in St Ives.

13 Fish & Chips Fischfilet im Bierteigmantel, dazu knackig frittierte, dicke Pommes mit hausgemachter Remoulade und Erbsenpüree. Es gibt sie an jeder Ecke, berühmt sind sie bei Rick Stein › S. 75 in Padstow.

14 Cornish Crab Aus den 80 000 »Lobster Pots« (Reusen), die jährlich vor der kornischen Küste versenkt werden, holen die Fischer neben Hummern, Seespinnen und Langusten vor allem Krebse heraus, die einen idealen Brotbelag ergeben. Cornish Crab Sandwiches finden sich im Sommer auf jeder Speisekarte, z. B. bei Fresh from the Sea › S. 76 in Port Isaac.

15 Cider Mehrere Mostereien in Cornwall produzieren Apfelwein *(cider,* kornisch *scrumpy)* aus biologischem Anbau. In Healeys Cornish Cyder Farm B6 bekommen Sie neben einem Probeschlückchen auch Säfte, Marmeladen und Chutneys (Penhallow, TR4 9LW, www.thecornishcyderfarm.co.uk).

16 Austern aus Falmouth Sie sind wild und werden nach jahrhundertealter Tradition mit Segelbooten und Schleppnetzen gefischt. Die Europäische Auster (Ostrea edulis) schmeckte schon Casanova am besten! Einst war sie Mahlzeit der Armen, dann verpönt, jetzt ist sie eine Delikatesse. Beim Austernfestival in Falmouth › S. 45 im Oktober wird sie gebührend gefeiert.

17 Am Südhang gereift Der Schaumwein von Camel Valley Vineyard › S. 77 wird sogar in der Downing Street No 10 serviert und wurde mit der »Best International Sparkling Wine«-Trophäe gekrönt.

18 Cornish Yarg Der halbfeste, in Brennnesselblätter eingeschlagene Kuhmilchkäse wurde von der Familie Gray entwickelt, die ihm ihren Namen gab – nur verkehrt herum. Yarg wird nur noch auf der Lynher Dairy B6 bei Truro produziert

Eiscreme? Hier!

(www.lynherdairies.co.uk), ist aber in jedem gut sortierten Deli erhältlich.

19 Aus heimischem Anbau Der erste in England selbst angebaute Tee kommt vom Tregothnan Estate C6 nahe Truro (www.tregothnan.co.uk) und wird vom National Trust und der Supermarktkette Waitrose verkauft (£ 4 für ein Paket mit 10 einzeln verpackten Teebeuteln).

20 Roskilly's Ice Creme 90 glückliche Kühe geben ihre Milch für die Produktion dieses cremigen Eises, das die Familie Roskilly seit 30 Jahren auf ihrer Farm herstellt › S. 63. Ein Verkaufsstand ist z. B. am South Quay in Padstow, man bekommt es aber auch bei Harrods.

Der Pfau aus Gips in Osborne House

... BESTAUNEN SOLLTEN

21 Der Pfau im Durbar Room Königin Victoria war auch die Kaiserin Indiens. In ihrer Privatresidenz Osborne House › S. 125 hatte sie einen ganzen Gebäudeflügel im Stil eines Maharadscha-Palastes bauen lassen, vollgestopft mit wertvollen Geschenken ihrer südasiatischen Untertanen. Die schönste der aufwendigen Gipsarbeiten ist der Pfau über dem Kamin, für den der Handwerker allein 500 Stunden brauchte.

22 Two Forms (Divided Circle) Die riesige Bronzeskulptur von 1969 mit den für die Bildhauerin Barbara Hepworth typischen Löchern steht im Garten vor ihrem Studio, das heute Museum ist › S. 67 – eine subtropische Oase der Ruhe im sonst oft hektischen Treiben von St Ives.

23 Rolls Royce in Miniatur Die bekanntesten Künstler und Ingenieure des frühen 20. Jhs. schufen in Windsor Castle ein Puppenhaus für Queen Mary › S. 130 im Maßstab 1:12 und füllten es mit Kostbarkeiten. Die Weinflaschen enthalten echten Rebensaft, die Bücher sind handgeschrieben, der Motor im Rolls Royce Silver Ghost funktioniert einwandfrei!

24 Der Kronleuchter Der Blickfang im Bankettsaal des Royal Pavilion › S. 136 in Brighton ist fast 10 m hoch, wiegt eine Tonne und hängt an den Klauen eines chinesischen Silberdrachens. Darunter pusten

Ein Festival der Farben bietet sich an den Klippen der Alum Bay auf der Isle of Wight

sechs kleinere Fabeltiere Licht in gläserne Lampenschirme, die die Form von Lotusblättern haben.

25 Taschentuchbaum Aus China stammt diese Laubbaumart in den 200 ha großen Lost Gardens of Heligan › S. 71, einem Lieblingsgarten der Nation. Der Name kommt von den großen Hochblättern, die von April bis Juni wie Papiertaschentücher in den Ästen hängen.

26 Roter Schnabel, rote Füße In der Natur › S. 62 macht er sich rar, der National Trust hat zwei Exemplare erhalten. In Lanhydrock House › S. 77 kann man Choughs, eine seltene Krähenart und Cornwalls Nationalvogel, in der Vitrine bewundern. Der Legende nach ist König Arthus in Form eines Chough unterwegs.

27 Der Elefant von Exeter Vor 700 Jahren wurde er in den Sitz des alten Chorgestühls in der Kathedrale › S. 92 geschnitzt, ohne dass der Künstler je ein solches Rüsseltier gesehen hatte. Missraten sind ihm trotzdem nur die Füße …

28 Handarbeit Jahrhundertelang haben die Fischersfrauen von Polperro ihren Männern wasser- und winddichte Pullover gestrickt. Plastik und Gore-Tex Materialien haben sie inzwischen überflüssig gemacht. Einige der sogenannten Knit-Frocks mit ihren individuellen Familienmustern sind im Schmugglermuseum › S. 82 zu sehen.

29 Das Modell des St Michael's Mount 49 Jahre lang schob Henry Lee als Butler Dienst auf der Klosterfestung und in der Wohnanlage › S. 64. Abgeschnitten vom Rest der Welt, vertrieb er sich die Zeit mit Schnitzarbeiten. Drei Jahre brauchte er, um die Miniaturausgabe des St Michael's Mount aus Champagnerkorken zu bauen. Das Werk steht dort in einer Vitrine.

30 Die Magna Carta Libertatum Die »große Urkunde der Freiheit« wurde vor gut 800 Jahren auf Druck des Adels von König Johann Ohneland besiegelt. Eines der vier noch erhaltenen Originale ist im Kapitelhaus der Kathedrale von Salisbury › S. 114 zu sehen.

… MIT NACH HAUSE NEHMEN SOLLTEN

31 Blumensamen Englands Gartenpracht ist weltberühmt, doch lassen sich ausgewachsene Pflanzen nur schlecht transportieren. Fast alle Gartenanlagen verkaufen daher auch Samen – ein Blumengruß aus dem Urlaub, der Freude macht.

32 RNLI Souvenir Die königliche Seenotrettung finanziert sich nicht nur über Mitgliedsbeiträge, sondern sie verkauft auch praktische Souvenirs mit maritimen Themen, etwa einen wasserdichten Kulturbeutel, der aus einer recycelten Rettungsweste (£ 45) genäht wurde. Erhältlich in RNLI Shops, u. a. Passage Street C6, PL23 1DE, Fowey.

33 Silber-Piskies Die kornischen Trolle gibt es als Ketten- oder Ohranhänger, Türklopfer, Schlüsselringe u. v. m. Sie gelten als schelmische Glücksbringer, obwohl sie seit der Christianisierung laut Volksmund als heidnische Geister schrumpfen müssen, bis nichts mehr von ihnen übrig ist. Greifen Sie zu im Joan the Wad & Cornish Jewellery › S. 82.

34 Farbiger Sand Die Klippen von Alum Bay H5, der Bucht bei den Needles auf der Isle of Wight, sind für ihren Sandstein in den Farben rot, gelb, braun und schwarz bekannt und ein beliebtes Souvenir.

35 Souvenir vom National Trust Viele schöne Dinge verkaufen die Shops des National Trust – und das Eichblatt-Logo weist den Träger auch noch als umweltbewussten

Taschentuchbaum, *Davidia involucrata*

und kulturell interessierten Menschen aus. Einen Leinen-Tagesrucksack gibt es für £ 25, einen Schal mit orientalischen Vögeln für £ 15.

36 Kleidung von Seasalt Dieses Label fertigt unabhängige Mode für Männer und Frauen mit exklusiven Mustern, die durch Cornwalls historische Landschaften inspiriert wurden. Hier finden Sie sehr individuelle Kleidungsstücke, z. B. im Shop 4 Fore Street B6 (St Ives, TR26 1AB, www.seasaltcornwall.co.uk).

37 Fossilien vom Strand Lyme Regis F5 an der Juraküste von Dorset ist ein Dorado für Fossilienjäger. So ein Ammonit gibt einen guten Briefbeschwerer ab. Und wenn nicht am Strand, werden Sie sicher im Lyme Fossil Shop fündig (4 Bridge Street, Lyme Regis, DT7 3QA).

38 Cornish Ware Streng genommen wird das blau-weiß gestreifte Steingut in Derbyshire hergestellt, doch weil das Design an den blauen Himmel und die schaumgekrönten Wellen Cornwalls erinnert, trägt es diesen Namen. Ein Klassiker! Erhältlich in John-Lewis-Kaufhäusern (z. B. 1 Sidwell St., Exeter E5).

39 CD mit kornischer Musik Bands wie Skillywidden oder Brenda Wooton untermalen nicht nur Videos, zu ihren Klängen tanzt man auch den Cornish Furry Dance (The Cornish Store B6, 11 Arwenack St., Falmouth, TR11 3JA, www.thecornishstore.com).

40 Picknickdecke und Picknickkorb (Hamper) Nichts ist so britisch wie ein Picknick, egal bei welchem Wetter. Gegen die Nässe schützt eine spezielle wasserdichte Decke.

In Lyme Regis kann man am Strand versteinerte Fossilien finden

Im Deckel der Picknickkörbe stecken Teller und Besteck, damit man auch stilvoll speisen kann. Erhältlich u. a. in National Trust Shops oder in Marks & Spencer Kaufhäusern.

… BLEIBEN LASSEN SOLLTEN

41 Nur mit dem Fahrrad durch Südengland reisen Es gibt viele schöne Radrouten entlang stillgelegter Eisenbahntrassen oder Treidelpfaden. Längere Distanzen führen aber unweigerlich durch's öffentliche Wegenetz. Gerade die wenig befahrenen Straßen sind oft schmal und kurvenreich, bieten extreme Steigungen und Gefälle, und Hecken versperren die Sicht.

42 Jeden Insulaner als Engländer bezeichnen Bei Walisern, Schotten und kornischen Mitbürgern gewinnen Sie damit keine Pluspunkte. Die keltisch geprägten Länder und Regionen pochen mit Vehemenz auf ihre Identität.

43 Möwen füttern In den Küstenorten sind Möwen durch gut gemeintes Füttern regelrecht zur Plage geworden – dabei sind sie bestens in der Lage, sich ihre Nahrung selbst aus dem Meer zu holen.

44 Intime Fragen stellen Engländer mögen es nicht besonders, wenn über Privates gesprochen wird. Nur gute Freunde fragt man daher nach dem Gehalt, Gewicht oder Beziehungsstatus. Für sein Leben gern plaudert jeder Brite dagegen über's Wetter, wieder und wieder und wieder …

45 Für sich allein bezahlen Getränke werden in englischen Pubs an der Theke bestellt und auch dort bezahlt. Dabei ordert man nicht für sich allein, sondern für die ganze Runde.

46 In unbewachten Buchten baden Die meisten Strände Südenglands sind nicht ohne Grund von Rettungsschwimmern überwacht. Die hohe Tide bildet starke Strömungen, an den Steilklippen gibt es oft Hindernisse unter Wasser. Hier herrscht Lebensgefahr!

47 Nackt in die Sauna In England geht man grundsätzlich in Badekleidung in die Sauna, sonst erregt man mitunter mehr als nur Aufsehen.

48 Bargeld tauschen Im Land bekommt man für seine Euros weniger als daheim. Am besten holt man sich vor Ort Geld aus dem Automaten zum aktuellen Tageskurs.

49 Im Freehouse ein Lagerbier bestellen Freehouses sind Pubs ohne Bindung an die großen Brauereien. Deshalb sind sie stolz darauf, örtlich gebraute Ales zu verkaufen. Wer dort ein Lager ordert, vergeht sich am Geist der Unabhängigkeit.

50 Vordrängeln In England ist *queueing*, in der Schlange stehen, immer noch Volkssport. Vordrängeln ist gesellschaftlich geächtet.

Godrevy Beach zwischen St Ives
und Portreath

REISEPLANUNG & ADRESSEN

DIE REISEREGION IM ÜBERBLICK

Südengland ist mit seiner landschaftlichen Schönheit und den vielen Kulturschätzen ein traumhaftes Reiseziel. Der Südwesten übt dabei eine besondere Anziehungskraft auf Reisende aus.

Das Felsplateau der Halbinsel von **Cornwall** und **Devon** mit seinen Hochmooren (Dartmoor, Exmoor, Bodmin Moor) prägt auch die zerklüfteten, immer wieder von hübschen Sandstränden unterbrochenen Felsküsten. Hier finden Besucher die ursprünglichsten und wildesten Landschaften des Südens mit der üppigsten Vegetation vor. Viel wurde in Infrastruktur und Tourismus investiert, weshalb beliebte Orte wie St Ives oder Polperro in den Ferienmonaten sehr gut besucht sind. Die Halbinseln Lizard und Roseland mit ihren einsamen Buchten und entlegenen Fischernestern liegen dagegen weit ab der Hauptverkehrsrouten. Ein subtropisches Paradies findet man auf den Isles of Scilly vor der Westspitze Cornwalls.

In der **Mitte** Südenglands reihen sich entlang des Ärmelkanals zahlreiche Seebäder und Häfen aneinander, die mitunter bereits von den Römern gegründet wurden. Die Römer hielten ihre müden Knochen auch schon in das Quellwasser von Bath – einem Kurort voll klassizistischer Eleganz. Mit Wells, Winchester und Salisbury verfügt die Region über bedeutende Bischofsstädte mit herrlichen Kathedralen. Mythische Steinkreise wie Stonehenge oder Avebury geben seit Jahrhunderten Rätsel auf. Wer raus will in die Natur, sollte etwas Zeit im New Forest Nationalpark (zwischen Southampton und Bournemouth) oder auf der Isle of Wight verbringen.

Das Licht von St Ives zog schon im 19. Jh. bildende Künstler an

Der **Südosten** Englands ist traditionell das Einfallstor zur Insel, wo die Christianisierung durch den hl. Augustinus von Canterbury und die Eroberung durch die Normannen ihren Anfang nahmen. Imposante Kreidefelsen dominieren die Küste; im Hinterland, wo Obst, Gemüse und Hopfen angebaut werden, haben sich schon immer viele Adlige ihre Herrenhäuser und stattlichen Burgen gebaut. Beliebtes Ausflugsziel am Meer ist Brighton.

KLIMA & REISEZEIT

Das milde Klima des englischen Südwestens wird vom Golfstrom bestimmt, mit vorherrschenden Winden aus Südwest und Neigung zu häufigen Schauern.

Palmengewächse sind deshalb in den Gärten von Cornwall und Devon als Zierpflanzen beliebt, die durchschnittliche Jahrestemperatur liegt bei 11 °C. Im Osten gleicht das Wetter eher dem der Kontinentalküsten am Ärmelkanal, mit Frühnebel und vielen Wolken im Frühjahr und Herbst. Immerhin sind die Verhältnisse auch dort gut genug, dass Weinbau möglich ist. In den letzten Jahren ist die mittlere Wassertemperatur an der Südküste auf 12 °C bis 17 °C angestiegen. Außerdem gab es eine Reihe ungewöhnlicher Wetterphänomene mit besonders trockenen oder außergewöhnlich verregneten Perioden. Der eigentlich frostfreie Süden sah teilweise auch ungewöhnlich kalte Winter. Durchschnittlich erleben die Küstenregionen Südenglands jedoch noch immer mehr als 1600 Sonnenstunden im Jahr. Die beste Reisezeit für Südengland liegt zwischen Mai und September. Wettervorhersagen für viele Städte bietet die Website www.bbc.com/weather.

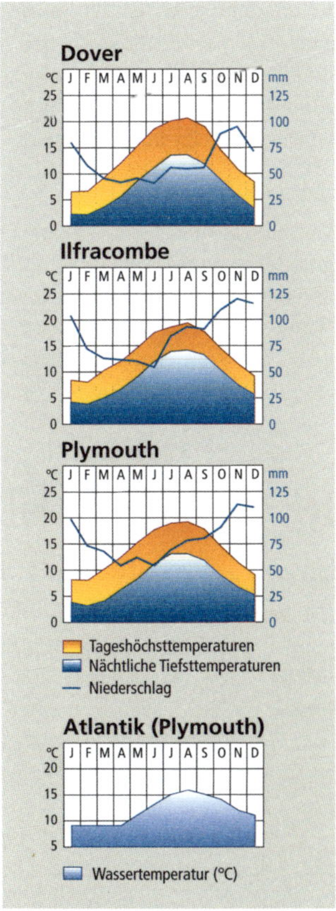

ANREISE

MIT DEM AUTO

Den Ärmelkanal überqueren mehrere **Fähren** in ca. 90 Min. Eine Übersicht mit direkten Links zu den Fährgesellschaften bietet www.visitbritain.com oder www.directferries.de Der Autozug **Le Shuttle** fährt in 35 Min. von Calais durch den Tunnel bis nach Folkestone (www.eurotunnel.com).

MIT DER BAHN UND FERNBUSSEN

Der französische Hochgeschwindigkeitszug Thalys bringt Sie mit einem vergünstigten Eurostar London Ticket ab Köln (www.b-europe.com/DE) nach Brüssel-Midi oder Paris-Nord. Von dort braucht der Eurostar rund 2 Std. Fahrzeit bis nach London, wo er in der St Pancras Station einläuft.

Fahrplanmäßige Fernbuslinien verbinden etliche Großstädte auf dem Kontinent vor allem mit London. **Eurolines** bietet Busreisen nach Dover und London; auch Anschlussfahrkarten, Reservierungen (Tel. 069/971 944 833, www.eurolines.de). **Flixbus** fährt ebenfalls von mehreren deutschen Großstädten täglich nach London (Tel. 030/300 137 300, www.flixbus.de).

MIT DEM FLUGZEUG

Für Flugreisende kommen zumeist die Londoner Flughäfen in Betracht; am günstigsten liegen Heathrow im Westen (www.heathrow.com) und Gatwick im Süden (www.gatwickairport.com). Auch regionale Flughäfen wie Bristol (www.bristolairport.co.uk), Southampton (www.southamptonairport.com/german), Exeter (www.exeter-airport.co.uk) und Newquay (www.cornwallairportnewquay.com) haben Direktverbindungen zum Kontinent.

REISEN IM LAND

MIT DER BAHN

Bei 28 privaten Bahnunternehmen ist das Reisen mit dem Zug in Großbritannien zum Verwirrspiel geworden. Sehr hilfreich ist die Website von Visit Britain › S. 154, wo auch über Spartickets und Sondertarife informiert wird, die nur im Heimatland zu erhalten sind. Vor Ort leisten www.nationalrail.com, Tel. 03457-484 950 (aus Deutschland 00 44-(0)20-7278 5240), oder www.thetrainline.com gute Dienste. Der Südwesten wird hauptsächlich von First Great Western (www.gwr.com) bedient.

Man fährt meist günstiger, wenn man früh bucht und die Hauptrouten über London meidet. Oft ist der Kauf zweier Einfachkarten billiger als die kombinierte Hin- und Rückfahrkarte. Wer mit Kindern unterwegs ist, sollte sich die **Family & Friends Railcard** kaufen (www.familyandfriends-railcard.co.uk). Für £ 30 können damit bis zu 4 Erwachsene und 4 Kinder verbilligt (Erwachsene 33 %, Kinder 60 %) Zug fahren. Der **BritRail South West Pass** erlaubt unbegrenztes Bahnfahren zum Fixpreis (nur im Heimatland erhältlich, de.britrail.net).

MIT BUSSEN

Der größte britische Fernbusbetreiber, **National Express,** hat ein recht enges Streckennetz zwischen größeren Orten und meist preisgünstigere Tarife als die Bahn. Auch hier sind attraktive Vorzugskarten, vor allem bei Internetbuchung, auf dem Markt (Infos: www.nationalexpress.com). Kombinierte Reisen mit verschiedenen Verkehrsunternehmen lassen sich mit der Plattform **Traveline** planen (Tel. 0871-200 22 33, www.traveline.info).

MIT DEM AUTO

In Großbritannien wird **links** gefahren. Verkehrsteilnehmer im (allgegenwärtigen) Kreisverkehr haben Vorfahrt. Es gibt kein allgemeincs Vorfahrtsgebot wie rechts vor links bzw. links vor rechts. Fehlen Vorfahrtsregelungen durch Schilder oder Markierungen auf der Straße, müssen sich die Verkehrsteilnehmer eben einigen. Zulässige Höchstgeschwindigkeiten sind: 30 Meilen (48 km/h) in geschlossenen Ortschaften, 60 Meilen (96 km/h) auf Landstraßen, 70 Meilen (113 km/h) auf Autobahnen bzw. mehrspurigen Straßen.

Besonders im Südwesten findet man viele enge, einspurige Landstraßen mit Ausweichstellen, die von hohen Hecken gesäumt und daher unübersichtlich in Kurven sind. In den Hochmooren und im New Forest gilt es, auf frei laufende Tiere zu achten.

Bei Dawlish in Süd-Devon verläuft die Bahnstrecke direkt an der Küste

VISIONÄRE IN CORNWALL

Sir Tim Smit im Eden Project in Cornwall, das er ebenfalls mitbegründet hat

WEIN FÜR DAS KÖNGSHAUS

Bob Lindo pflückt eine Traube vom Rebstock und lässt sie zwischen Daumen und Zeigefinger zerplatzen. Der Saft rinnt über seine Finger, es sei mit einem herausragenden Jahrgang zu rechnen, meint er. Ich habe daran keinen Zweifel, Bob Lindo muss es wissen. Nicht nur haben seine Weine mehr als 400 Trophäen abgestaubt, er hat auch eine Goldmedaille für seine Dienste am Tourismus und einen Preis für sein Lebenswerk bekommen.

Ja, in England wird nicht nur viel Wein getrunken, sondern auch welcher produziert! Als Bob Lindo und seine Frau Annie 1989 die ersten Reben auf ihrer Farm pflanzten, waren sie noch Pioniere. Seitdem hat sich die Weinanbaufläche in England von damals 325 Hektar auf rund 1500 Hektar vervielfacht, englischer Wein wurde vom Ladenhüter zum prämierten und teuren Tropfen. Bobs Camel Valley Vineyard ist mit 33 ha der größte in Cornwall. Die Familie (Bob, Annie und Sohn Sam) bewirtschaftet ihn bis heute allein. An Arbeitsmoral fehlt es dem ehemaligen Piloten der Royal Air Force, den der Absturz seines Jets dienstuntauglich gemacht hatte, nicht. Auch mit seinen fast 70 Jahren führt er Besucher stolz durch die Rebzeilen hoch über dem Fluss Camel. Seinen Schaumwein schenken nicht nur alle Premierminister seit Tony Blair aus, sondern auch ganz offiziell das britische Königshaus!

Wenn man ihn fragt, was in all den Jahren die größte Herausforderung für ihn gewesen sei, antwortet er überzeugend: »Es gab keine.« Beneidenswert, wie glücklich der Wein vom Camel Vineyard Menschen machen kann ...

BOB LINDO EMPFIEHLT:

- Für den passenden Fisch zum Weißwein: **Rick Steins St Petroc's Bistro,** 4 New Street, Padstow PL28 8 EA, www.rickstein.com.
- Für einen gepflegtes Bier mit Aussicht: **The Mariner's,** Rock, PL27 6LD, www.themarinersrock.com; mehr als 40 Biere zur Auswahl.

REGENWALD STATT TONSTUDIO

Tim Smit empfängt mich in seinem Büro. Verzeihung, Sir Tim Smit, er wurde 2013 von der Queen zum KBE (»Knight of the British Empire«) geschlagen. Doch Äußerlichkeiten sind ihm nicht wichtig, in Jeans und kariertem Hemd hat er mehr von einem Gärtner als einem Ritter.

Wer ist dieser Mann, der mit unbändigem Eifer, Optimismus und finanziellem Einsatz die Zukunft unserer Welt mitgestalten möchte?

Es ist der 14. Dezember 1987 und es regnet, als Tim mit Frau und vier Kindern zum Urlaub in Fowey eintrifft und spontan beschließt: Wenn sie ihr Londoner Haus innerhalb von 48 Stunden verkauft bekämen, würden sie nach Cornwall ziehen. Ein Tonstudio schwebt dem studierten Archäologen und Musikproduzenten vor, als er das Grundstück mit den völlig verfallenen Gärten eines Landsitzes bei Heligan entdeckt.

Wo vor knapp 200 Jahren noch Porzellanerde gewonnen und Abraum auf weiße Halden gehäuft wurde, lässt Sir Tim Anfang des Jahrtausends das größte Gewächshaus der Welt bauen, einen künstlichen Regenwald mit rund 1000 Pflanzen aus tropischen Gefilden: die »Lost Gardens of Heligan« › S. 71. Nach Regionen geordnet, verheißen sie das Paradies und warnen gleichzeitig vor der Vertreibung daraus, sollten wir unsere Naturschätze nicht dauerhaft schützen.

Dieses Konzept will Sir Tim auf jeden Kontinent der Welt bringen. Wissenschaft und Fortschritt sollen zur Lösung vieler Menschheitsprobleme beitragen. Er zeigt auf die Architekturskizze des »Eden China«, das Ende 2019 in Quindao eröffnen wird. Und auch vor der eigenen Haustür will Sir Tim wieder vorangehen. Im Hafen von Charlestown will er den weltgrößten Standort für Tiefseeforschung errichten. Ein Narr, wer daran zweifelte!

TIM SMITS TIPPS FÜR CORNWALL:

- In einem **Kajak** von Lostwithiel den River Fowey zur Mündung paddeln.
- Kurt Jacksons Galerie **This Place** in St Just besuchen (Jackson Foundation, North Row, St Just, Cornwall, TR19 7LB, www.jacksonfoundationgallery.com).
- Den **Camel Trail** von Wadebridge nach Padstow radeln.
- Restaurantbesuch in **The Bridge Bistro** (4 Molesworth St, Wadebridge PL27 7DA, www.bridgebistro.co.uk).
- Ein Abend im **Cornish Arms Pub** (B3276, St Merryn, Padstow PL28 8ND, www.rickstein.com/eat-with-us/the-cornish-arms).

SPORT & AKTIVITÄTEN

Mit seiner langen Küste und den teilweise noch urwüchsigen Landschaften bietet Südengland viele Möglichkeiten für sportliche Betätigung.

WANDERN

Vor allem im Bodmin Moor, Exmoor und Dartmoor sowie im New Forest und in den South Downs sind wunderbare Wege ausgeschildert. Näheres erfährt man bei der **Ramblers' Association** (Tel. 020-7339 8500, www.ramblers.org.uk).

Um die gesamte südwestliche Küste herum führt Großbritanniens längster Wanderweg, der rund 1000 km lange **South West Coast Path** › S. 98.

KLETTERN

Das Klettern vor allem an den Steilklippen ist ein beliebter Extremsport in Cornwall. Zum Reinschnuppern für Einsteiger sind Bosigran und Sennen Cove gut: sie sind leicht und tidenunabhängig. Ein guter Führer ist »West Country Climbs« von Mark Glaister, im Rockfax Verlag für £ 24,95. Kurse über: www.kernowklimber.co.uk.

Gut gesichert in der Felswand

RADFAHREN

Inselweit sind im Rahmen des Projekts *National Cycle Network* 23 000 km Radwege gebaut worden. Besonders schön ist der »Cornish Way« von Land's End nach Bude (180 Meilen). Ein Großteil der Strecke verläuft auf verkehrsarmen Landstraßen (www.sustrans.org.uk).

WASSERSPORT

Surfer und **Windsurfer** aus ganz Europa treffen sich an der Atlantikküste von Devon und Cornwall. Viele Freizeitzentren bieten Schulung, auch in Disziplinen wie Kitesurfen, Paddleboarding und Kajakfahren (z. B. Harlyn Surf School, www.harlynsurfschool.co.uk).

Segeln (und segeln lernen) ist eine Freude, wenn man in einem der Jachthäfen im Südwesten ein Boot mietet oder einen Kurs belegt.

Für **Taucher** ist Cornwall noch ein Geheimtipp, bei den Isles of Scilly allein gibt es über 150 anerkannte Tauchspots (www.scillydiving.com).

Royal Yachting Association

Bietet Infos für Surfer und Segler.

- RYA House | Ensign Way | Hamble
  Southampton | SO31 4YA
  Tel. 023-8060 4100 | www.rya.org.uk

British Sub Aqua Club (BSAC)

- Telford's Quay | South Pier Road
  Ellesmere Port | Cheshire CH65 4FL
  Tel. 0151-350 6200 | www.bsac.com

BADEFREUDEN

Die britische Marine Conservation Society (MCS) empfiehlt 193 Strände an Südenglands Küsten, die höchste Ansprüche an Schönheit, Sauberkeit von Wasser und Strand erfüllen, relativ sichere Strömungsverhältnisse und einen halbwegs einfachen Zugang (Parkplatz, Treppen etc.) haben. Baden Sie nur zwischen den gelb-roten Fahnen, wo die Strände von Rettungsschwimmern überwacht werden. Der »Good Beach Guide« MCS ist im Internet zu finden unter www.thebeachguide.co.uk/best-beaches.

ANGELN

Von den meisten Fischerhäfen in Cornwall laufen Boote zum **Hochseefischen** aus. Das Örtchen Looe, westlich von Plymouth, hat sich als britisches Zentrum des Haifischfangs einen Namen gemacht (www.sharkanglingclubofgreatbritain.org.uk/shark-fishing).

Für das **Süßwasserangeln** benötigt man eine Lizenz der zuständigen Behörde (s. u.). Gute Bedingungen herrschen an den Flüssen Dart und Stour (im Südwesten) oder Test und Itchen (Süden bzw. Südosten).

Environment Agency

Die Umweltbehörde der britischen Regierung versorgt Angler mit allen wichtigen Detailinfos. Angelgenehmigungen erhält man vor Ort in den Postämtern.

- National Customer Contact Centre
  PO Box 544
  Rotherham | S60 1BY
  Tel. 03708-506 506, aus Deutschland +44 (0) 114 282 5312
  www.environment-agency.gov.uk
  www.anglingtimes.co.uk

DIE SCHÖNSTEN STRÄNDE

- **Kynance Cove:** Zwei Meilen vom Lizard Point, weißer Sand, Höhlen und ein National-Trust-Parkplatz mit Café. › S. 62
- **Porthcurno Beach** A/B6: Traumhaft schöne, sandige Bucht umgeben von Steilklippen.
- **Sennen (Whitsand Bay):** Die Nachbarbucht von Land's End. Langer, weißer Sandstrand, gut zum Surfen. In Sennen Cove einige Lokale gegen den Durst und Hunger. › S. 67
- **Porthmeor:** Westlichster der Strände von St Ives mit Surfschule und super Café. › S. 67
- **Godrevy Beach:** Der dramatischste Abschnitt der St Ives Bay. Der Strand endet in der Godrevy-Landzunge, am Parkplatz des National Trust Café mit Blick auf den Leuchtturm. › S. 69
- **Constantine Bay:** Feiner, weißer Sand, weite Dünen, tosender Atlantik: Perfektion! › S. 75

GOLF

Putten und Pitchen kann man in Südengland als Einsteiger am einfachsten auf kommunalen Plätzen. Auch nur wenige der 40 Golfklubs in Cornwall (www.golfincornwall.co.uk) erbitten ein Handicap-Zertifikat. Viele Plätze liegen allerdings am Meer und stellen auch für versierte Golfer eine echte Herausforderung dar. St Mellion ist einer der beliebtesten Golfplätze, Cape Cornwall der älteste.

St Mellion International Resort

- Saltash | PL12 6SD
  Tel. 01579-351351
  www.st-mellion.co.uk

Cape Cornwall Golf & Country Club

Ein herausragend schöner Platz (mit Ferienapartments).

- St. Just | Penzance | TR19 7NL
  Tel. 01736-788 611
  www.capecornwallgolfclub.co.uk
  Mo–Fr £ 28, Sa, So £ 32.

REITEN

Wo noch wilde Ponys in Freiheit leben, übt das Reiten einen ganz besonderen Reiz aus, und gerade in den Hochmooren werden Ausritte und mehrtägige gemächliche Ponytrekking- oder flottere Hacking-Touren angeboten, z. B. Hallagenna Riding im Bodmin-Moor (www.hallagenna.co.uk). Auch ein Ausritt über den Strand gehört zu den Traumerlebnissen eines Cornwall-Urlaubs, z. B. mit Reen Manor Riding Stables in Perranporth (www.reenmanorstables.com). Alle Reitschulen, die dem Verband ABRS (Association of British Riding Schools) angehören, gewährleisten qualifizierten Unterricht.

ABRS

- Unit 8 | Bramble Hill Farm
  Five Oaks Rd. | Slinford
  Horsham | RH13 0RL
  Tel. 01403-790 294
  www.abrs-info.org

UNTERKUNFT

Die Auswahl ist schier unerschöpflich, und mit etwas Glück finden alle die gewünschte Bleibe.

Sehr hilfreich bei der Suche nach passenden Übernachtungsmöglichkeiten sind die Tourist Information Centres (TICs). Neben freundlicher Beratung bieten sie oft auch einem Buchungsservice. Auch VisitBritain › S. 154 gibt Auskunft über Unterkünfte (www.visitbritain.com/de/de).

Wirklich billig zu übernachten wird indes kaum gelingen – in allen Unterkunftskategorien sind die Preise Südenglands nach London die höchsten in Großbritannien. Sparen kann man allerdings mit Internet-Suchmaschinen und in der Nebensaison; Hotels und Ferienwohnungen können dann bis zu 50 % billiger sein.

HOTELS

Diese gibt es in allen Preisklassen – sie werden auch unter Bezeichnungen wie »Inn« (eigentlich ein Landgasthaus mit Gästezimmern) oder »Guest House« (eine Pension, v.a. in den Seebädern an der Südküste) geführt.

Vor allem in der gehobenen Preisklasse bis hin zur Luxusherberge tut sich das englische Hotelgewerbe hervor. Wer einmal im historisch bedeutsamen Himmelbett (»Hier schlief im Jahre irgendwann König/in sowieso«) übernachten möchte, sollte nicht auf den Kontostand achten müssen. Aber nicht jedes »Country House Hotel« ist unerschwinglich. Eine Nachfrage lohnt sich immer, selbst die vornehmsten Landhäuser und Schlosshotels gewähren außerhalb der Hauptsaison und/oder bei längerem Aufenthalt Rabatte.

Bei der Auswahl geeigneter Hotels leistet der jährlich neu erscheinende Führer der britischen Automobile Association **AA The Hotel Guide** für Großbritannien und Irland gute Dienste.

BED & BREAKFAST

Diesem klassischen britischen Übernachtungsangebot begegnet man allenthalben, es reicht vom Schlafzimmer im Privathaus bis hin zur professionell geführten Familienpension. Der persönliche Kontakt zu den Gastgebern macht dabei den Reiz aus, oft haben sie die besten Urlaubstipps parat. Zur Hauptsaison kann es in beliebten Ferienregionen zu Engpässen kommen.

FERIENHÄUSER & FERIENWOHNUNGEN

Angebote zur Selbstversorgung (»Self Catering«) sind im Südwesten reichlich vorhanden – VisitBritain > S. 154 nennt Adressen. Wer sich etwas Besonderes gönnen möchte, wende sich an den **National Trust** > S. 154 oder den **Landmark Trust** (Shottesbrooke, Maidenhead, Berkshire SL6 3SW, Tel. 01628-825 925; www.landmarktrust.org.uk). Beide Verbände vermieten historische Gebäude, teils in Naturschutzgebieten.

HOTELS MIT POOL

- Obwohl das **Tremarne Hotel** in Mevagissey nur drei Sterne besitzt, ist es makellos sauber, bietet alle erdenklichen Annehmlichkeiten, und die Sonnenterrasse mit Pool (Mai–Sept.) und Meeresblick ist ein echter Luxus! > S. 70
- Das umweltfreundliche Designerhotel **Scarlet** ist ein perfektes Strandhotel mit Meeresblick, beheiztem Innenpool (28 °C) und holzbefeuerten Whirlpools im Garten. > S. 74
- Das familiengeführte B & B **Commonwood Manor** in Looe hat eine Terrasse mit schöner Aussicht und einen Pool im Garten. > S. 82
- Der Kurort Tunbridge Wells lockt Gesundheitsbewusste und Genießer in sein nobles **Spa Hotel,** das mit Schwimmbad, Saunas und Behandlungen wie Facials, Massage und Epilation wirbt. > S. 141

Die Turner Contemporary Gallery
in Margate, Kent

LAND & LEUTE

STECKBRIEF

- **Fläche** der Region: 34 563 km², entspricht 27 % der Fläche Englands. Die Grafschaft Cornwall umfasst 3563 km² und hat eine Küstenlänge von fast 500 km.
- **Inseln:** Isle of Wight 381 km², Isles of Scilly 16 km² (140 Inseln, davon fünf bewohnt), Lundy Island 4,25 km²
- **Flüsse:** Upper Avon (155 km), Tamar (98 km), Exe (96 km)
- **Größte Städte** im Südwesten: Bristol 451 000 Einw., Plymouth 240 000, Exeter 125 000. Cornwalls größte Städte sind: Camborne/Redruth 55 000 Einw., Penzance & Newlyn 40 000, St Austell 30 000, Newquay 22 000, Truro 21 000, St Ives 12 500.

- **Bevölkerung:** in Südengland 15 481 000 Einw., in Cornwall ca. 555 000, davon 22 % in der Altersgruppe von 40–54 Jahren.
- **Landesvorwahl:** 0044
- **Währung:** Pfund Sterling (£)
- **Zeitzone:** Greenwich Mean Time, d. h. MEZ –1 Std.

LAGE & LANDSCHAFT

Die Region Südengland wird nach Norden hin von der Themsemündung, den Autobahnen M 25 (Londoner Ring Süd) und M 4 (London–Bristol) sowie dem Bristol Channel begrenzt. Im Süden und Osten stößt sie an den Ärmelkanal, im Westen an den Atlantik. Bei Plymouth mündet der Fluss Tamar ins Meer, der die natürliche Grenze zwischen den Grafschaften Devon und Cornwall bildet.

Die Landschaft ist ausgesprochen vielfältig. Cornwall und der Südwesten sind durch weite, großräumige Moore (Dartmoor, Exmoor, Bodmin Moor) auf Granit und Schiefergrund geprägt. Die Südküste wird dominiert von Flussmündungen mit üppiger Vegetation, die Nordküste beeindruckt durch steile Klippen und imposante Felsformationen.

Die Mitte Südenglands besteht aus einem bunten Flickenteppich aus Wiesen und Feldern, gesäumt von Hecken; an der Südküste dominieren die Mündungsbecken zahlreicher kürzerer Flüsse, v. a. Frome und Test (Southampton/Isle of Wight).

Der Südosten zeichnet sich durch fruchtbares Tiefland sowie die bewaldeten Hügel der Downs aus, die an den Küsten die typischen Kreidefelsen formen.

VERWALTUNG & POLITIK

Die archaische Verfassung des Vereinigten Königreichs von Großbritannien und Nordirland macht alle Briten nach wie vor zu Untertanen Ihrer Majestät. Allerdings wurde die Verfassung nie zusammenhängend niedergeschrieben – ein vollständig schriftlich fixiertes Grundgesetz existiert nicht.

Obwohl die Königin selbst kaum noch Machtbefugnisse hat, sind ihr Streitkräfte, Kirche und Behörden direkt unterstellt, und die in ihrem Auftrag handelnde Regierung umgeht damit vielfach die Kontrolle durch das Parlament. Allein die Existenz der Monarchie rechtfertigt das Fortbestehen des Oberhauses (House of Lords) im Parlament, das sich aus ungewählten Vertretern von Hochadel, Klerus und Justiz sowie »verdienten Persönlichkeiten« aus Politik und Wirtschaft zusammensetzt. Sie werden vom Premierminister vorgeschlagen und von der Königin ernannt.

England hat im Gegensatz zu Schottland, Wales oder Nordirland weder ein eigenes Landesparlament noch eine Landesregierung. Deren Aufgaben werden bislang vom Parlament (House of Commons) und der Regierung des Vereinigten Königreiches wahrgenommen.

Der Volksentscheid für den »Brexit« im Juni 2016 hat das politische System Großbritanniens, das effektiv ein Zweiparteiensystem ohne Verhältniswahlrecht ist, auf eine Zerreißprobe gestellt. Mit den vorgezogenen Neuwahlen hat Theresa May im Juni 2017 ihre Mehrheit verspielt und regiert seitdem ein Minderheitskabinett.

WIRTSCHAFT

Im Süden Englands ist die Landwirtschaft ein bedeutender Wirtschaftszweig. Zu Viehzucht, Getreide- und Obstanbau kommt im Osten der Hopfen, der das gesamte britische Brauereiwesen versorgt. Daneben wird an der Südküste schon seit der Römerzeit Weinbau betrieben und Cider (Apfelwein) fermentiert.

In den Hafenstädten, von Plymouth über Bristol, Portsmouth, Southampton bis nach Dover, sind Handel, Schiffbau, die chemische und die metallverarbeitende Industrie konzentriert. Fast völlig zum Erliegen kam der ehemals bedeutende Bergbau Südenglands – Zinn und Kupfer in Cornwall, Kohle in Kent. Chinesische Investoren haben allerdings in Devon eine Zinnmine wiedereröffnet, Kanadier planen dasselbe für Cornwall. In Somerset wird ein Atomkraftwerk gebaut, und vor den Küsten sind große Windparks entstanden.

In weiten Teilen der Region ist der Tourismus die wichtigste Einnahmequelle, und viele Familien verdienen als Vermieter von Gästezimmern zumindest ein Zubrot. Allein in Cornwall bietet der Tourismussektor über 60 000 Arbeitsplätze. In den Seebädern an der gesamten Südküste zeigt der Fremdenverkehr mit unzähligen Sprachschulen für Jugendliche vom Kontinent darüber hinaus eine besondere Ausprägung.

GESCHICHTE IM ÜBERBLICK

Um 4300 v. Chr. In der Folge erster landwirtschaftlicher Siedlungen entsteht eine hochentwickelte Baukultur, deren Hügelanlagen, Erdwälle, Dolmen und Steinkreise (z. B. Stonehenge) zu den bedeutendsten Europas gehören.

Ab ca. 800 v. Chr. Erste keltische Stämme wandern ein und bringen ihre eisenzeitliche Kultur mit; die Briten siedeln in Südengland.

43–409 n. Chr. Der römische Kaiser Claudius lässt im Jahr 43 n. Chr. 40 000 Legionäre aus Gallien übersetzen und weite Teile des heutigen Englands erobern. Während der folgenden 350 Jahre entsteht eine spezifisch romano-britische Kultur.

Ab ca. 450 Die Einwanderung der Jüten, Angeln und Sachsen vertreibt die keltischen Stämme in die Randgebiete (Cornwall/Wales). In Südengland entstehen die angelsächsischen Königreiche Essex, Kent, Sussex und Wessex.

597 Gründung des Bistums Canterbury durch den hl. Augustinus von Canterbury.

871–899 Alfred der Große, König von Wessex, vereinigt die Königreiche Südenglands gegen Übergriffe der Dänen, die im Nordosten des Landes Fuß gefasst haben, und schafft damit erstmals ein geeintes angelsächsisches Reich mit Winchester als Hauptstadt.

1066 König Harold II. wehrt die Invasion der Norweger im Norden ab, aber die Normannen unter Wilhelm dem Eroberer siegen in der Schlacht bei Hastings über die Angelsachsen und führen ihr straffes Feudalsystem ein.

1215 König Johann Ohneland unterzeichnet in Runnymede, Surrey, die ihm von aufständischen Baronen aufgezwungene »Magna Carta Libertatum«: In 63 Artikeln werden u. a. die königliche Gerichtsbarkeit und Steuerhoheit der Kontrolle der Barone und Stände unterworfen. Die Magna Carta gilt als Grundlage der britischen konstitutionellen Monarchie.

1348–1375 Viermal bricht in diesem Zeitraum die Pest aus und rafft ein Drittel der Bevölkerung dahin.

1534 Heinrich VIII. sagt sich von der Kirche Roms los; ab 1536 werden alle Klöster aufgelöst. Es profitiert der niedere Adel *(gentry)*, der überall in Südengland billig Ländereien erwerben und imposante Herrensitze errichten kann.

1588 Nachdem Elizabeth I. die katholische Maria Stuart hat hinrichten lassen, sendet Philipp II. von Spanien eine Invasionsflotte gegen England. Die Armada wird vor der englischen Südküste vernichtend geschlagen.

1642–1660 Der englische Bürgerkrieg entsteht aus der Weigerung des Parlaments, die absolutistischen Ansprüche von Karl I. anzuerkennen. 1649 wird der König hingerichtet und England unter Oliver Cromwell zum Protektorat erklärt. Nach Cromwells Tod 1658 kehrt der Thronfolger Karl II. aus

dem französischen Exil zurück; die Monarchie wird restauriert.
1688 Als König Jakob II. den Katholizismus erneut als Staatsreligion einzuführen versucht, bieten einflussreiche Mitglieder des Parlaments Wilhelm III. von Oranien die englische Krone an. Durch seine Anerkennung der »Declaration of Rights« wird die konstitutionelle Monarchie gefestigt.
1701 Nach dem Tod der letzten Stuart-Regentin Queen Anna etabliert der »Act of Settlement« das Haus Hannover auf dem englischen Thron.
1707 Das englische und schottische Parlament werden vereint, der neue Staat nennt sich Großbritannien.
Ab Mitte des 18. Jahrhunderts steigt England dank der industriellen Revolution und der fast absoluten Seeherrschaft zur stärksten Wirtschafts- und Kolonialmacht der Welt auf.
1837–1901 Unter Queen Victoria erreicht Großbritannien den Gipfel seiner Macht und erobert ein weltweites Imperium.
1917 Auf dem Höhepunkt des Ersten Weltkriegs, in dem mehr als doppelt so viele Soldaten des British Empire umkommen wie im Zweiten, benennt sich das englische Herrscherhaus Hannover-Sachsen-Coburg-Gotha in Windsor um.
1939–1945 Südenglische Flugplätze und Häfen spielen im Zweiten Weltkrieg eine zentrale Rolle in der Abwehr deutscher Luftangriffe und dienen der Vorbereitung der alliierten Invasion in der Normandie im Juni 1944.

Elizabeth II wurde 1952 Königin

1973 Großbritannien tritt der damaligen EWG bei, bleibt aber eines der skeptischsten Mitglieder der Europäischen Union.
1994 Der Eisenbahntunnel unter dem Ärmelkanal wird eröffnet.
2005 Prince Charles und Camilla Parker Bowles heiraten in Windsor.
2011 Am 29. April heiratet Prinz William, nach seinem Vater Prinz Charles Zweiter in der Thronfolge, die Bürgerliche Kate Middleton.
2015 Queen Elizabeth löst Kaiserin Victoria als am längsten regierende Monarchin ab (63 Jahre und 215 Tage).
2016 Im Juni stimmen die Briten in einem Referendum für den Brexit.
2018 Am 19. Mai heiratet Prinz Harry die Amerikanerin Meghan Markle in Windsor.
2019 Rosamunde Pilcher stirbt am 6. Februar im Alter von 94 Jahren.

DIE MENSCHEN

Einwanderer sind in Südengland immer wieder in Wellen an Land gegangen – Kelten, Römer, Angeln und Sachsen, Wikinger und Normannen.

Günstiges Klima, fruchtbarer Boden und sichere Häfen führten früh zu hoher Besiedlungsdichte, und derzeit sorgt die Nähe der Metropole London für stetigen Zustrom. Zu den betuchten Familien mit Villen im Londoner Großraum und Zweitwohnsitzen im Südwesten kommen in den Seebädern Pensionäre und Rentner, außerdem Obdachlose, die dort von den Behörden in Bed & Breakfast-Häusern untergebracht werden.

Aus den immer seltener zu hörenden Dialekten lässt sich schließen, dass die alteingesessene Bevölkerung gegenüber den Neuzugängen heute oft in der Minderzahl ist. Die keltische Sprache Cornwalls, das Kornische (Cornish oder Kernewek), galt seit Ende des 18. Jhs. als ausgestorben, doch Anstrengungen zur (künstlichen) Wiederbelebung waren erfolgreich, und 3500 Menschen beherrschen sie heute wieder.

Die Mehrheit der Bevölkerung gehört – nominell – der Church of England an, die eine Zwitterstellung einnimmt: Sie ist im engeren Sinne Staatskirche (das Staatsoberhaupt ist zugleich Oberhaupt der anglikanischen Kirche, derzeit Queen Elizabeth II.), dennoch erhält sie keinerlei öffentliche Gelder. Eingeführt, als sich Heinrich VIII. vom Papst lossagte, weist v. a. die *High Church* mit ihrem Gepränge und den von traditioneller Kirchenmusik begleiteten Messen bis heute Elemente des Katholizismus auf, während Gottesdienste der *Low Church* eher dem Protestantismus verpflichtet sind. In ehemaligen Bergbaugebieten überwiegt der Methodismus John Wesleys, weshalb man dort eher schmucklose »Wesley Chapels« sieht.

NATUR & UMWELT

Der größte Teil des Südens Englands ist von alters her Kulturlandschaft. Der Südosten galt schon den Römern als Kornkammer.

Die Hochmoore des Südwestens werden durch Viehhaltung und Holzwirtschaft geprägt, die Küstenlandschaften Devons und Cornwalls durch Bergbau von Zinn und Kupfer verändert.

Die traditionelle Feldaufteilung mit ihren besonderen Heckenbiotopen ist durch moderne Agrarmethoden und die hochtechnologisierte Landwirtschaft bedroht. Nirgends in der EU arbeitet ein geringerer Anteil der Bevölkerung in der Agrarproduktion.

Die Wasserqualität ist durch den sehr trockenen Sommer 2018 generell sehr gut. 65 Strände wurden 2016 mit dem höchsten EU-Standard der Blauen Flagge ausgezeichnet (www.thebeachguide.co.uk/best-beaches/blue_flag.htm), weitere 125 erhielten einen Seaside Award. Immerhin hat der Südwesten insgesamt überdurchschnittlich saubere Strände, der Südosten dagegen hängt dem Landesdurchschnitt etwas hinterher. Die Küstengewässer sind überfischt und gleichzeitig von Fangflotten hart umkämpft.

Der englische Süden weist zahlreiche Vogelschutzgebiete auf, darunter bedeutende Seevogelkolonien an der Westküste. Von besonderem Interesse für Naturkundler dürfte die Fauna der Hochmoore sein: Wildpferde und Wildziegen sind dort heimisch, doch gilt die Aufmerksamkeit von Ökologen derzeit vor allem dem vermehrten Auftreten von Neuankömmlingen wie den grauen Eichhörnchen aus Nordamerika.

KUNST & KULTUR

MALEREI & PLASTIK

Einflüsse der Eroberer: In den ersten nachchristlichen Jahrhunderten kam der wichtigste Einfluss auf die bildende Kunst Südenglands aus Rom – zunächst in Form der Bildwelt des Römischen Reiches, die sich in den Skulpturen und Mosaiken romano-britischer Villen niederschlägt, dann als Sakralkunst der missionierenden Kirche, im Lauf der Zeit angereichert mit keltischer Pflanzen- und angelsächsischer Tierornamentik. Das berühmteste Beispiel normannischer Kunst ist der Teppich von Bayeux (um 1080), der in vielen Einzelszenen die normannische Eroberung Englands darstellt.

Frühe Porträtmalerei: Im 16. Jh. entwickelte sich eine englische Variante der Porträtmalerei, die Miniatur, die durch Nicholas Hilliard aus Exeter (1537–1619) ihren Höhepunkt fand. Auch umfassen die Sammlungen der großen Herrenhäuser Gemälde der importierten Lieblingskünstler englischer Aristokraten des 17. Jhs.: Rubens (Kingston Lacy, Wilton House), Claude Lorrain (Stourhead, Petworth) und Anthonis – später Sir Anthony – van Dyck (fast überall).

Die Zeit der Hochblüte: In den 100 Jahren von 1750 bis 1850 ließe sich die britische Malerei als südenglische Parklandschaft mit berühmten Figuren charakterisieren. Joshua Reynolds (geb. 1723) und Thomas Gainsborough (ab 1760 in Bath tätig) gehörten zu den bedeutendsten Porträtisten ihrer Zeit; der großartige Tiermaler George Stubbs (geb. 1724) widmete sich den Pferden von Goodwood; Thomas Lawrence (geb. 1769) war zu Lebzeiten der bekannteste Porträtmaler Englands und galt als ebenbürtiger Nachfolger von Reynolds; John Constable (geb. 1776) bannte die Landschaft um Salisbury samt Kathedrale so eindrucksvoll auf Leinwand, dass seine Werke bis heute endlos reproduziert werden. Und William Turner (geb. 1775) malte nicht nur in Petworth House, sondern verewigte auch die englische Südküste und die Isle of Wight in jenen Seestücken, deren einzigartige Gestaltung von Licht seinen heutigen Ruhm begründet.

Die Präraffaeliten: Den viktorianischen Verniedlichungen akademischer Maler wie William Etty oder Sir Edwin Landseer wollten die jungen Geheimbündler der Präraffaelitischen Bruderschaft – John Everett Millais, William Holman Hunt, Dante Gabriel Rossetti, Ford Madox Brown und Edward Burne-Jones – ab 1848 ernsthafte Thematik und klare Maltechnik entgegensetzen. Zeitgenossen empfanden ihre Bilder mit biblischen oder literarischen Motiven als pervers; heute pilgern Freunde dieses sehr englischen Stils zu den Gräbern von Rossetti (Birchington, Kent) und Burne-Jones (Rottingdean, Sussex). Die Präraffaeliten stehen in engem Zusammenhang mit der späteren Arts-and-Crafts-Bewegung von William Morris.

ARCHITEKTUR & ANGEWANDTE KUNST

Prähistorische Bauwerke: Eine Vorstellung von den frühesten Steinbauten in Südengland vermittelt Stonehenge – der Steinkreis ist nicht nur ein einmaliges Kulturdenkmal, sondern auch eine großartige architektonische Leistung. Ähnlich beeindruckend sind Avebury und prähistorische Erdaufschüttungen wie Maiden Castle oder Silbury Hill.

Erbe der Eroberer: Wie überall in ihrem Herrschaftsgebiet haben die Römer auch in England Spuren ihrer Baukunst hinterlassen, vom Leuchtturm in Dover über diverse Villen mit schönen Mosaiken (z. B. Bignor in Sussex) bis zu den Badeanlagen von Bath. Die Angelsachsen bauten meist mit Holz, was den Mangel an erhaltener Bausubstanz erklärt (eine Ausnahme ist die Kapelle Saint-Mary-in-the-Castle in Dover). Mit dem Vordringen der Normannen nach 1066 breitete sich deren typische Burgenarchitektur in ganz England aus (z. B. Portchester Castle, Hampshire).

Die Kathedralbauten: Im 12. Jh. begann die große Zeit des englischen Kirchenbaus. Heute wird mit Stilbegriffen wie »Early English«, »Lancet«,

MEKKA DER MALER

Cornwall wirkt seit dem frühen 19. Jh. wie ein Magnet auf bildende Künstler: Schon Turner kam 1811 nach St Ives, und als James McNeill Whistler 1883 den Ort besuchte und das Licht bewunderte, war die Gegend bereits ein bekanntes Refugium für Aquarellisten. Seit Ende der 1930er-Jahre hat St Ives einige der größten Namen abstrakter Kunst in England angezogen, u. a. Ben Nicholson (1894–1982), Barbara Hepworth (1903–1975) und Patrick Heron (1920 bis 1999). Sie entdeckten die naive Kunst des einheimischen Fischers Alfred Wallis (1855–1942), dessen Bilder heute zu den teuersten des Zirkels zählen.

Winchester Cathedral, eine der großartigsten Sakralbauten Englands

»Decorated«, »Perpendicular« oder »Rectilinear« jongliert, obwohl in Wahrheit kaum eine Kirche stilrein erhalten ist. Einige Anhaltspunkte: Die Kathedralen Südenglands (Bristol, Canterbury, Chichester, Exeter, Rochester, Salisbury, Wells, Winchester) wurden im Wesentlichen zwischen 1100 und 1500 mit unterschiedlichen gotischen Stilelementen errichtet. Generell gilt: Je schlanker und spitzer die Bögen, je aufwendiger die Deckengewölbe, desto später der Bauabschnitt. Mit der Auflösung der Klöster durch Heinrich VIII. ab 1536 kam der Kirchenbau bis ins 17. Jh. zum Erliegen.

Herrensitze und Städte: Dafür entwickelte sich in Südengland eine Spielform der Profanarchitektur, der Landsitz im Tudorstil (z. B. Montacute House in Somerset). Während etwa im schottischen Grenzland nach wie vor befestigte Adelshäuser gebaut wurden, konnte die Gentry im Süden auf Verteidigungsanlagen verzichten – auf dem Landbesitz der Klöster entstanden villenartige Häuser mit weitläufigen Gärten.

Im 17. Jh. bildete sich ein am Vorbild des Italieners Andrea Palladio orientierter klassizistischer Stil heraus, dessen erster wichtiger Vertreter Inigo Jones (1573–1652) war (Wilton House bei Salisbury). Um die Mitte des 18. Jhs. hatte der Klassizismus seinen Höhepunkt erreicht und seinen Einfluss vom Bau einzelner Häuser auf die Planung ganzer Stadtviertel ausgedehnt; bedeutende Teile von Bath sind einheitlich im eleganten »Georgian Style« angelegt. Beim

Entwurf von Parkanlagen wurde fortan besonderer Wert auf die Illusion naturbelassener Landschaft gelegt, wie die so ganz englische Gartenbaukunst des Lancelot »Capability« Brown (1716–1783) beweist (z. B. Petworth House).

Um 1750 kam ein historisierender, von Elementen der Gotik gekennzeichneter Baustil auf, der 100 Jahre später mit dem »Gothic Revival« auf die Spitze getrieben wurde. Der Stilpluralismus herrschte: Queen Victorias Residenz Osborne House wurde im Stil eines italienischen Palazzo gebaut, und in der Nähe steht die Kirche von Whippingham mit ihrem romanisch-gotischen Stilmix.

Als Gegenbewegung entstand um William Morris die Arts-&-Crafts-Bewegung, die einen gediegenen Stil ohne Prunk pflegte, mit schlichten Möbeln und den berühmten Blumenmustern auf Tapeten.

Die Moderne: Im 20. Jh. ging die Auseinandersetzung zwischen Moderne und Konservatismus in England meist zu Gunsten des Letzteren aus. Zwar gibt es im Süden einige herausragende Beispiele moderner, am Bauhaus orientierter Architektur der 1930er-Jahre, aber allzu oft wurde und wird »dezente« Architektur bevorzugt, wie Prince Charles' »Musterdorf« Poundbury in Dorchester.

Dabei belegen z. B. das 1910 von Edwin Lutyens (1869–1944) entworfene Castle Drogo, die 1993 eröffnete Dependance der Tate Gallery in St Ives von Eldred Evans und David Shalev sowie Michael Hopkins' Opernhaus von Glyndebourne (1994 eingeweiht), dass ernst genommene Anpassung an Landschaft und Tradition wunderbar »undezente« Bauwerke hervorbringen kann.

GRATIS ENTDECKEN

- **Heartlands Centre**: Als die UNESCO 2006 der Bergbauregion um Redruth und Camborne den Status eines Welterbes verlieh, wurde die Zeche Robinson von der Industriebrache zu einem Landschafts-, Museums- und Erlebnispark umgestaltet, in dem die Industriegeschichte multimedial erfahrbar ist. > **S. 69**
- Über 16 ha erstreckt sich der **Mount Edgcumbe Country Park,** in dessen Herzen ein formaler Garten liegt, der in verschiedenen Gartenstilen aus aller Welt bepflanzt wurde. > **S. 81**
- Im **M-Shed Bristol** wird die Industriegeschichte der Hafenstadt interaktiv präsentiert, aber auch die Medienstadt, wo die meisten Naturfilme der BBC sowie Trickfilme wie »Wallace und Gromit« produziert wurden. > **S. 106**
- Die **Turner Contemporary** in Margate zeigt klassische Werke der Moderne, gibt aber auch internationalen zeitgenössischen Künstlern eine Chance auszustellen. > **S. 146**

LITERATUR

Die 1387–1400 von Geoffrey Chaucer verfassten »Canterbury Tales«, eines der Hauptwerke englischsprachiger Literatur, schildern das mittelalterliche Gesellschaftsleben in Südengland.

Die moderne Tate Gallery in St Ives

Auch die großen bürgerlichen Erzähler des 18. und 19. Jhs. siedelten ihre Romane in der ihnen bekannten Landschaft an. Jane Austen (1775–1817) lebte und schrieb in Bath, Southampton, Chawton und Winchester – man kann sich ihre ironischen Darstellungen ambitionierter Bürger z. B. in »Stolz und Vorurteil« nirgendwo anders vorstellen. Thomas Hardy (1840–1928) lag an der regionalen Verankerung seiner Werke so viel, dass er eine fiktive Grafschaft Wessex (in und um Hampshire) schuf. Anders als Jane Austen strebte er die Verklärung einer wahren Idylle an – wie in seinem ersten Wessex-Roman »Far from the Madding Crowd« (deutscher Titel: »Am grünen Rand der Welt«).

Die Romantiker gingen mit Vorliebe im Südwesten spazieren: Samuel Taylor Coleridge mietete sich 1795 für fünf Jahre an der Küste Somersets ein und wanderte mit William Wordsworth (1770–1850) über die Klippen. Eine Generation später ließen sich Percy Bysshe Shelley (1792–1822) in Lynmouth und John Keats (1795 bis 1821) in Teignmouth inspirieren.

Weniger um wildromantische Szenerie als um ästhetisch ansprechende Blumenrabatten ging es Vita Sackville-West (1892–1962), die in Knole in Kent geboren wurde. Später erwarb sie Sissinghurst Castle, wo sie zusammen mit ihrem Mann Harold Nicolson wohnte, sich mit Leidenschaft als Gärtnerin betätigte, Romane wie »The Edwardians« (»Schloss Chevron«) schrieb und ihre Kontakte zu Virginia Woolf (1882–1941) pflegte. Ihr diente sie als Vorbild für die Protagonistin des Romans »Orlando«.

Nicht zu vergessen sind die unsterblichen Krimis der Agatha Christie (1890–1976), die Romane Daphne du Mauriers (1907–1989), die vom Meister des Suspense Alfred Hitchcock verfilmt wurden (»Rebecca«), sowie Rosamunde Pilchers (1924–2019) Herz-Schmerz-Bestseller, von denen viele fürs deutsche Fernsehen verfilmt wurden › S. 81.

FESTE & VERANSTALTUNGEN

FESTKALENDER

Mai: Brighton International Festival: drei Wochen Theater, Konzerte und bildende Kunst mit international renommierten Künstlern (www.brightonfestival.org). **Obby Oss:** Keltisches Frühlingsfest zum 1. Mai mit Umzügen und Menschen in Pferdekostümen in Padstow (www.padstowobbyoss.wordpress.com). **Helston Flora Day:** Furry Dance (eine blumengeschmückte Prozession von Paaren ganz in weiß), Musik und Ausgelassenheit den ganzen Tag über (www.helstonfloraday.org.uk).

Ende Mai bis Anfang Juni: The Bath Festival: zwei Wochen v. a. Musik und Literatur (www.bathfestivals.org.uk). **Salisbury International Arts Festival:** zwei Wochen mit Musik, Jahrmarkt und Theater (www.wiltshirecreative.co.uk).

Juni: The Royal Cornwall Show: größte Landwirtschaftsshow Englands in Wadebridge (www.royalcornwallshow.org). **Golowan Festival** in Penzance: traditionsreiches einwöchiges Fest zur Feier der Verbindung von Land und Meer (www.golowanfestival.org). **Glastonbury Festival:** riesiges Open-Air-Festival mit Rock- und Folkmusik, um die Sommersonnenwende (21. Juni; www.glastonburyfestivals.co.uk).

Juli/August: Goodwood Week (auch Glorious Goodwood): eine Woche Pferderennen auf dem Gelände von Goodwood House (www.goodwood.com). **Cowes Week,** Isle of

IN DER TRADITION KELTISCHER BARDEN

Es ist schon eine seltsame Prozession, die da alljährlich am ersten Samstag im September über die kornische Heide zieht. Gekleidet in zeremonielle blaue Gewänder und Kapuzen, halten die Nachfahren der alten Kelten ihren Einzug zum **Gorsedh.** Der Erzdruide trägt Excalibur voran, das sagenumwobene Schwert von König Artus. Ihm folgt der »Barth Mur«, der Großbarde, an dessen Fersen die anderen Barden sowie die Herrin von Cornwall und Mädchen in gelben Mänteln kleben. Von Hornstößen begleitet erklingt der Ruf »Kernow, clew galow an gorsedh« (Cornwall, höre den Ruf des Gorsedh). Die Versammlung gedenkt zunächst der Toten, danach werden Trophäen vergeben und schließlich neue Barden geweiht. Höhepunkt der Zeremonie ist der Blumentanz der kostümierten Kinder und die Darbringung von Kräutern und Pflanzen an die Herrin von Cornwall.

Das Keltenfestival Gorsedd wurde in Cornwall 1928 von Henry Jenner wiederbelebt, um die Sprache und Kultur der Urahnen zu fördern. Jenner wurde zum ersten der Großbarden, die für jeweils drei Jahre amtieren und von zwölf Barden in ihrer Mission unterstützt werden. Ihr Symbol ist das Awen, das vom Zentrum ausgehende Sonnenstrahlen zeigt, die für die Tugenden Liebe, Gerechtigkeit und Wahrhaftigkeit stehen.

Rund um die Isle of Wight finden jährlich im August in der Cowes Week Regatten statt

Wight: traditionsreiche Segelregatten (www.cowesweek.co.uk).

August: Brighton Parade: Schwule und Lesben aus ganz Europa treffen sich zu einer bunten Straßenparade samt Begleitprogramm (www.brighton-pride.org).

Boardmasters Festival: größtes Surf-, Skate und Musikfestival des Landes mit rund 100 000 Besuchern.

August/September: Arundel Festival: Shakespeare und klassische Musik im Freilichttheater auf dem Gelände von Arundel Castle (www.arundelfestival.co.uk).

September: Widecombe Fair: traditioneller Jahrmarkt am zweiten Dienstag des Monats im eigentlich idyllischen, zu dieser Zeit aber völlig überlaufenen Dorf im Dartmoor (www.widecombefair.com).

Oktober: Falmouth Oyster Festival: dreitägiges Austernschlürfen zum Beginn der Saison (www.falmouthoysterfestival.co.uk) › **mehr S. 14 Punkt 16**.

ESSEN & TRINKEN

IM RESTAURANT

Der schlechte Ruf der englischen Gastronomie ist inzwischen ein alter Hut. In kleineren bis mittelgroßen Ortschaften hat man heute eine attraktive Auswahl von Lokalen. Die als modern-britisch klassifizierte Küche nutzt hochwertige einheimische Zutaten und kombiniert traditionelle Rezepte mit schonender Zubereitung und Einflüssen aus dem Mittelmeerraum bzw. aus Südostasien. Fast überall finden sich chinesische und indische Restaurants, manche sind verblüffend gut und nicht allzu teuer. Sandwiches lässt man sich frisch belegen, wo mittags Schlangen bis auf die Straße stehen.

Auch Vegetarier finden in der Regel ein auf sie abgestimmtes Angebot; vegetarische Gerichte werden in Speisekarten mit (V) gekennzeichnet und sind meist billiger als Fleisch- oder Fischgerichte. Besonders indische Restaurants bieten Vegetariern große Vielfalt.

GASTRONOMIEFÜHRER

Der jährlich aktualisierten Gastronomieführer »The Good Food Guide« ist in den meisten englischen Buchläden und vielen Tourist Information Centres erhältlich. Auch der Automobilclub AA bewertet gastronomische Betriebe (www.theaa.com/pubs).

SÜDENGLANDS SPEZIALITÄTEN

Regionale Spezialitäten erkennt man am Zusatz des Namens der Grafschaft oder der Gegend, z. B. Cornish Pasty, Wiltshire Ham (gekochter Schinken), Devon Pork Pie (Pastete mit Schweinefleisch, Äpfeln und Zwiebeln), Ilchester (Kräuterweichkäse aus Somerset), Kentish Pancakes (Pfannkuchen, meist mit Kirschkonfitüre), u. v. a. Zwei Ausnahmen sind zu erwähnen: Der berühmte orangegelbe Hartkäse Cheddar kann von überallher kommen – in jedem englischen Supermarkt findet man Cheddar aus Irland oder Neuseeland. Und: Seezunge heißt im ganzen Land Dover Sole, gleichgültig, wo der Fisch angelandet wurde.

In den südenglischen Ferienorten wird einerseits hervorragende, aber auch sehr teure Küche, andererseits einfache Kost (zum Mitnehmen) geboten. Wer gerne frisch ausgebackenen Fisch mit Pommes frites (Fish & Chips › **Erstklassig-Liste S. 82**) isst oder heiße Pasteten (mit Kartoffel- und Fleisch-

Ein Bier, bitte? Im Pub müssen Sie schon sagen, welches ...

füllung heißen sie Cornish Pasties) schätzt, der wird sich normalerweise gut versorgt fühlen.

Beim Frühstück im Hotel oder B & B sollte man zugreifen. Starker Tee mit Milch ist längst nicht mehr das einzig Übliche Getränk dabei– auch der Kaffee ist meist genießbar. Nicht mal beim »Afternoon Tea« *muss* man unbedingt Tee trinken – aber nachmittags ist genau die richtige Zeit für den in Devon und Cornwall fast in jedem Farmhaus angebotenen Cream Tea: Ein warmes *scone* (eine Art Brötchen, oft mit Rosinen) wird dick mit *clotted cream* (eingedickte, ganz fette Sahne) bestrichen und gekrönt mit *jam* (Konfitüre, meist aus roten Früchten).

DIE DURSTLÖSCHER

Nichts geht dem Briten über ein Pint of Ale in einem urigen Landpub, hier trifft sich Alt und Jung, Arm und Reich zum gemütlichen Palaver. Im Pub bestellt man Getränke (und Essen) an der Theke, zahlt sofort und wartet, bis die Gläser auf den Tresen gestellt werden. Die Auswahl an Bieren ist meist groß und kann in »Free Houses« (d. h. Pubs, die nicht an eine Brauerei gebunden sind) verwirrende Ausmaße annehmen: Helle untergärige Biere heißen *Lager,* stark gehopfte obergärige *Bitter;* viele Free Houses schenken *Real Ales* aus, traditionell gebraute, starke Biere.

Auch den Apfelmost *Cider* gibt es vom Fass (*draught,* sprich: drahft), und zwar als *pint* (0,57 l) oder als *half* (half pint: 0,28 l). Er kann sehr süß bis ganz trocken sein.

Der Weinbau in England erlebt derzeit eine Renaissance, und englischer Rebensaft sowie Schaumwein räumen internationale Preise ab.

Bei »British Wine« handelt es sich um gepanschte Billigware. Nur das Wort »English« auf dem Etikett garantiert, dass der Wein aus einheimischen Trauben erzeugt wurde.

ESSEN MIT AUSSICHT

- **The Cove** (Falmouth): Tapas und Fischgerichte sind die Zugpferde dieses entspannten Strandrestaurants mit Blick über Meanporth Beach. > S. 59
- **Porthmeor Cafe Bar** (St Ives): Am bekanntesten Strand, unterhalb der Tate Galerie gelegen, kann man den Surfern von drinnen oder draußen zuschauen. > S. 68
- **Sam's on the Beach** (Polkerris): Restaurant mit Pizzaofen und BBQ in einem alten Bootshaus, nur einen Steinwurf vom Strand entfernt. Sehr entspannte Atmosphäre. > S. 73
- **The Mote** (Port Isaac): Top-Fischrestaurant im Hafen des malerischen Fischerdorfes an der kornischen Nordküste. > S. 75
- **The View** (Torpoint): Nomen est omen – »Der Blick« bietet beim einfach gehaltenen, aber gut zubereiteten Essen von allen Tischen einen ungestörten Rundumblick über Whitsand Bay und die Rame Peninsula. > S. 81

Bodmin Moor in Cornwall,
im Hintergrund Rough Tor

TOUREN & SEHENSWERTES

CORNWALL & DER SÜDWESTEN

Lynton oben auf der Klippe und Lynmouth unten am Strand an der Nordküste von Devon

Viel Küste bietet die lange Halbinsel von Cornwall und Devon, die sich weit hinaus in den Atlantik schiebt. Das Landesinnere beherrschen die geheimnisvollen Landschaften von Bodmin Moor, Dartmoor und Exmoor.

Die Grafschaften Cornwall und Devon ragen in Form eines Stiefels weit in den Atlantik hinaus. Die äußerste Spitze, Land's End, ist ein von der Gischt des Ozeans umtostes Vorgebirge und eine der gefährlichsten Küsten der Welt. Schon die Seefahrer der Antike steuerten diese Gegend an, um das für die Bronzeherstellung unverzichtbare Zinn zu handeln. Aus den geschäftigen Fischerhäfen liefen später Piraten, Schmuggler und die abenteuerlustigen Kapitäne Elisabeths I. aus.

Heute ist der Fremdenverkehr die Haupteinnahmequelle des Südwestens; die von bewaldeten Flussmündungen und subtropischen Gartenanlagen geprägte Südküste nennt man »kornische Riviera«. Das glasklare Licht und die wilde Landschaft ziehen aber auch viele Maler und Bildhauer an – weshalb sich in St Ives in Cornwalls Nordwesten etliche Studios und kleinere Galerien angesiedelt haben.

Hochmoore prägen das Landesinnere, im Dartmoor, dem kleineren Bodmin Moor und im Exmoor, das teilweise schon in der Grafschaft Somerset liegt, trifft man nicht nur auf wilde Ponys, sondern auch auf Dolmen, Hünengräber und Hügelfestungen. Legenden von Meerjungfrauen, Hexen und Gnomen *(piskies)* gehören zum Volksgut, König Artus soll in Tintagel geboren worden sein und in Camelot (das manche mit Tintagel Castle identifizieren) Hof gehalten haben.

Wem all das noch nicht bunt genug ist, der lasse sich von der üppigen Vegetation verzaubern, die ihre Farbenpracht in den vielen Gärten der Südküste und auf den subtropischen Scilly-Inseln zur Schau stellt.

CORNWALLS SYMBOLE

Kernow lautet der alte kornische Name der Grafschaft, der auch auf ihrem Wappen zu finden ist. Darauf halten ein Fischer und ein Bergarbeiter ein Schild mit 15 Goldmünzen, auf dem ein schwarzer, krähenartiger Vogel mit rotem Schnabel und roten Füßen sitzt: der sehr rare Nationalvogel Chough. Darunter steht der Wahlspruch der Cornish People: »One and all«. Die schwarze Flagge mit weißen Kreuz ist die Fahne des hl. Piran, des Schutzheiligen der Grafschaft. Er soll die Region nicht nur missioniert, sondern auch den Zinnbergbau wiederbelebt haben: Der Legende nach brachte die Hitze seines Lagerfeuers den Erdboden zum Bersten, sodass das kostbare weiße Zinn herausquoll.

TOUREN IN DER REGION

TOUR 1

CORNWALL-RUNDREISE

ROUTE: Falmouth > Glendurgan > Trebah > Lizard Peninsula/Mullion Cove > Bonython Estate Gardens > Penzance > Penwith-Halbinsel > Minack Theatre > Land's End > St Ives > Portreath > Redruth > Falmouth

KARTE: Seite 54
DAUER: 4 Tage
PRAKTISCHER HINWEIS:

- Vorstellungen im Minack Theatre beginnen um 20 Uhr, Di und Do gibt es Matinees um 14 Uhr. Picknick, Regensachen und warme Decken mitbringen.

TOUR-START:

Entlang winziger Gassen geht es von **Falmouth** 1 > S. 58 an der Küste entlang zur wildromantischen Halbinsel Lizard. Auf dem Weg dorthin liegen einige Gärten mit südländischen Palmen, Stauden, Rhododendren und anderen subtropischen Gewächsen, von denen **Glendurgan Garden** > S. 60 und **Trebah Garden** > S. 61 die schönsten sind. Beides sind Schluchtgärten, die am Helford River enden, wobei die Mitte in Glendurgan mit einem **Irrgarten** aus Lorbeerhecken bepflanzt ist, während Trebahs mehr als 100 Jahre alten Rhododendren und die mächtigen Bambusgewächse dem Garten einen exotischen Touch verleihen.

Einige der vielen einsamen Buchten der urwüchsigen **Lizard Peninsula** 3 > S. 62, an deren felsiger Spitze der Leuchtturm von Lizard Point die Seefahrer vor dem südlichsten Punkt Englands warnt, sind Coverack, Cadgwith, Kynance Cove und **Mullion Cove** > S. 63, wo Sie übernachten.

Der nächste Vormittag ist einem noch wenig bekannten Kleinod von Garten gewidmet, den **Bonython Estate Gardens** > S. 63, dann machen Sie sich auf den Weg zum **St Michael's Mount** > S. 64, einer pittoresken Klosterfestung in der Bucht von **Penzance** 4 > S. 63.

Nach der Nacht in Penzance umfahren Sie die **Penwith-Halbinsel** > S. 65. Sehenswert ist das sehr ursprüngliche Fischerörtchen **Mousehole** > S. 65, die Bucht von Lamorna, von wo aus Sie die **Merry Maidens** > S. 66, einen prähistorischen Steinkreis, erwandern können, und natürlich auch das **Minack Theatre** 5 > S. 66 bei Porthcurno, das seine Besucher regelmäßig begeistert. Nur wenige Meilen weiter ist **Land's End** > S. 67 erreicht, doch den touristischen Rummel an Englands Westspitze lässt man besser schnell hinter sich. Eine enge Küstenstraße führt von hier durch kleine Bergarbeiterdörfer nach **St Ives** 6 > S. 67, einem Seebad mit Künstlerkolonie und einst Heimat von Rosamunde Pilcher. Hier übernachten Sie und genießen den nächsten Vormittag in den verwinkelten Gassen und an den schönen Sandstränden.

Am Nachmittag fahren Sie weiter die Küste entlang nach **Portreath** › S. 69 und dann landeinwärts. **Redruth** 7 › S. 69 ist als Bergarbeiterstadt industrielles UNESCO-Weltkulturerbe.

Im nahegelegenen Pool können Sie sich kostenfrei im **Heartlands Centre** über die Rolle der Dampfkraft für den heimischen Bergbau informieren, bevor Sie sich, nach **Falmouth** zurückgekehrt, ein kräftiges Dinner verdient haben.

TOUR 2

VON KÜSTE ZU KÜSTE

ROUTE: Plymouth › Rame Peninsula › Looe › Polperro › Fowey › Eden Project › Lost Gardens of Heligan › Mevagissey › Roseland Peninsula › Trelissick Garden › Truro › Padstow › Prideaux Place › Port Isaac › Tintagel › Lanhydrock House › Cotehele House › Plymouth

KARTE: Seite 54
DAUER: 5 Tage
PRAKTISCHER HINWEIS:

- Für den Tag im Dartmoor National Park sollten Sie unbedingt Wanderschuhe dabei haben. Hier locken 1000 km Wanderwege durch einsame Natur.

TOUR-START:

Von Stonehouse, einem Stadtteil der Hafenstadt **Plymouth** 19 › S. 78, überqueren Sie den Grenzfluss Tamar mit der Kettenfähre. Torpoint am anderen Ufer liegt bereits in Cornwall auf der **Rame Peninsula** 20 › S. 80, die die Cornishmen *the forgotten corner* nennen Vor rund 500 Jahren hat sich die Familie Edgcumbe in dieser Abgeschiedenheit einen Landsitz gebaut. **Mount Edgcumbe** › S. 80 liegt in einem 350 ha großen Countrypark mit herrlicher Gartenanlage. Die historischen Fischerdörfer **Kingsand** und **Cawsand** liegen an dieser besonders zerklüfteten Küste, deren Buchten und Häfen ein wahres Schmugglerparadies darstellten. In **Looe** 21 › S. 82 und **Polperro** 22 › S. 82 können Sie sich davon überzeugen.

Mit der Fähre setzen Sie anschließend nach **Fowey** 12 › S. 72 über. In dem verwinkelten Ort mit guten Restaurants, Pubs und Einkaufsmöglichkeiten bleiben Sie über Nacht. Nur 20 km westlich erreichen Sie am nächsten Morgen das **Eden Project** 11 › S. 72, dessen Riesengewächshäuser sich in einer alten Kaolingrube verbergen. Auch der Nachmittag steht ganz im Zeichen üppiger Vegetation – einer der Gründe, weshalb man die Südküste auch »kornische Riviera« taufte. Die **Lost Gardens of Heligan** 10 › S. 71 versetzten Sie zurück ins 19. Jh., als diese 400 ha große Wildnis der Nutz- und Ziergarten der Familie Tremayne war. Abends betten Sie Ihr Haupt in **Mevagissey** 9 › S. 70 mit Blick auf die Bucht.

TOUREN IN CORNWALL

TOUR 1

CORNWALL-RUNDREISE

Falmouth > Glendurgan > Trebah > Lizard Peninsula/Mullion Cove > Bonython Estate Gardens > Penzance > Penwith-Halbinsel > Minack Theatre > Land's End > St Ives > Portreath > Redruth > Falmouth

TOUR 2

VON KÜSTE ZU KÜSTE

Plymouth > Rame Peninsula > Looe > Polperro > Fowey > Eden Project > Lost Gardes of Heligan > Mevagissey > Roseland Peninsula > Truro > Padstow > Prideaux Place > Port Isaac > Tintagel > Lanhydrock House > Cotehele House > Plymouth

Den nächsten Tag verbringen Sie auf der **Roseland Peninsula** › S. 59, eine der einsamsten und ursprünglichen Landschaften Cornwalls. Auf dem Weg landeinwärts in die Grafschaftshauptstadt **Truro** 8 › S. 69 mit ihrer sehenswerten neugotischen Kathedrale und den verwinkelten Altstadtgassen besuchen Sie den **Trelissick Garden** › S. 60.

Von Truro geht es weiter an die Nordküste, wo sich **Padstow** 14 › S. 74 einen klangvollen Namen als kulinarische Hochburg der Region geschaffen hat. Über dem Fischerort steht der elisabethanische Landsitz der Familie Prideaux-Brune, **Prideaux Place** › S. 74. Die Hausherren sind häufig Gastgeber für das Team vom ZDF, das Rosamunde Pilchers Romane in Szene setzt.

Am nächsten Tag geht es weiter Richtung Norden, wo die Schieferküste nun immer unwirtlicher und rauer wird. **Port Isaac** 15 › S. 75 ist idyllisch und liegt zu Füßen der Steilklippen, während die Burgruine von **Tintagel** 16 › S. 76 hoch oben auf den Klippen prangt. Hier soll König Artus auf die Welt gekommen sein, wovon der Ort bis heute sein Auskommen hat. Für Unterkünfte ist gesorgt.

Auf dem Rückweg nach Plymouth sollten sie bei zwei weiteren Landsitzen einen Halt einlegen. **Lanhydrock House** › S. 77 bei Bodmin erlaubt einen authentischen Blick hinter die Kulissen eines englischen Adelssitzes mit großartigem Garten. **Cotehele House** 24 › S. 83, nur noch 10 km nördlich von Plymouth hoch über dem Ufer des Tamar, hat

Karte S. 57

sich seit fast 600 Jahren kaum verändert und wirkt dagegen richtig [illegible] seinen Schätzen [illegible]n flämische Wand[illegible]ur endet in der gro[illegible] **Plymouth** 19 › S. 78.

TOUR 3

DARTMOOR UND DIE ENGLISCHE RIVIERA

ROUTE: Exeter › Castle Drogo › Dartmoor › Buckfast Abbey › Totnes › Dartmouth › Brixham › Paignton › Torquay › Cockington › Powderham Castle › Exeter

KARTE: Seite 57
DAUER: 3 Tage
PRAKTISCHER HINWEIS:

- Wenn Sie Greenway nicht mit der Fähre, sondern mit dem Auto besuchen wollen, müssen Sie vorab einen Parkplatz buchen (www.nationaltrust.org.uk/greenway, › S. 90).

TOUR-START:

Sie verlassen die Kathedralenstadt **Exeter** 33 › S. 91 auf der A 30, von der Sie vor Okehampton Richtung Westen auf die einspurige Landstraße zum **Castle Drogo** 27 › S. 85 (ausgeschildert) abbiegen. Englands jüngste Burg steht am Nordrand des **Dartmoors** 25 › S. 83. Durch **Moretonhampstead** › S. 84 fahren Sie am **Haytor** vorbei (eine Besteigung des Grantifelsens wird mit einer großartigen Aussicht belohnt) nach **Widecombe in the Moor** › S. 84, einem entzückenden Örtchen mit hübscher Kirche und der langen Tradition einer Kirmes (Widecombe Fair). Am westlichen Rand des Moores finden Sie eines der wenigen noch aktiven Klöster des Landes, **Buckfast Abbey** 28 › S. 86, das Anfang des 20. Jhs. von den Mönchen eigenhändig wieder aufgebaut wurde. Nun ist es nur noch eine halbe Stunde Fahrt in die hübsche Kleinstadt **Totnes** 30 › S. 88 mit ihrer normannischen Burg. Am nächsten Morgen fahren Sie durch eine grüne, saftige Hügellandschaft nach **Dartmouth** 31 › S. 89, eine wohlhabende alte Hafenstadt am Westufer des River Dart. Von dort bringt Sie eine Fähre über den Fluss nach **Kingswear** › S. 89, von wo aus Agatha-Christie-Fans einen Abstecher in ihr Sommerhaus **Greenway** › S. 90 machen sollten. Der zauberhafte Fischerhafen **Brixham** › S. 88 liegt am westlichen Ende der 35 km langen Torbay. Den frischen Fang servieren zahlreiche Restaurants. Die Tor-Bucht mit ihren zahlreichen Stränden erkunden Sie am nächsten Tag, wenn Sie über **Paignton** › S. 88 ins »Nizza« Englands fahren, das Seebad **Torquay** 29 › S. 86. Dort können Sie die Spur von Agatha Christie wieder aufnehmen oder einen Spaziergang nach **Cockington** › S. 87 machen, einem Bilderbuchdorf aus sächsischer Zeit. Über **Powderham Castle** › S. 93 geht es dann entlang der englischen Riviera zurück nach Exeter.

TOUREN IN DEVON UND IM WESTLICHEN SOMERSET

TOUR 3

DARTMOOR UND DIE ENGLISCHE RIVIERA

Exeter > Castle Drogo > Dartmoor > Buckfast Abbey > Totnes > Dartmouth > Brixham > Paignton > Torquay > Cockington > Powderham Castle > Exeter

TOUR 4

DEVONS NORDKÜSTE UND DAS EXMOOR

Dunster > Lynton/Lynmouth > Ilfracombe > Woolacombe > Croyde > Clovelly > Exmoor > Dunster

Karte S. 57

TOUR 4

DEVONS NORDKÜSTE UND DAS EXMOOR

ROUTE: Dunster › Lynton / Lynmouth › Ilfracombe › Woolacombe › Croyde › Clovelly › Exmoor › Dunster

KARTE: Seite 57

DAUER: 3 Tage

PRAKTISCHER HINWEIS:

- Richten Sie sich auf einen steilen, kopfsteingepflasterten Fußweg in Clovelly und 25 % Steigung der Straßen bei Lynton/Lynmouth ein.

TOUR-START:

Sie verlassen das mittelalterliche **Dunster** 35 › S. 94 zu Füßen der Burg entlang der Küstenstraße nach **Lynton** und **Lynmouth** 36 › S. 95. Die Zwillingsörtchen am spektakulärsten Abschnitt der Steilküste im Herzen der »englischen Schweiz« sind durch eine Klippe voneinander getrennt, die mit einer Wasserballastbahn überwunden werden kann. Wandern lässt es sich dort hervorragend im Valley of the Rocks.

Im viktorianischen Seebad **Ilfracombe** 37 › S. 96 haben Sie am Abend eine gute Auswahl an Restaurants und Pensionen. Entlang der Sandstrände von **Woolacombe** 38 › S. 96 und **Croyde** › S. 96 geht es am nächsten Tag nach **Clovelly** 39 › S. 97, einem der malerischsten Fischerdörfer des Landes (Privatbesitz, Eintritt!).

Der letzte Tag ist der Erkundung des **Exmoors** 34 › S. 94 mit seiner wilden Moorlandschaft und einer prähistorischen Brücke gewidmet. Sie starten in **Dulverton** oder **Winsford** › S. 94 und kehren abends voller Natureindrücke wieder nach Dunster zurück.

UNTERWEGS IN DER REGION

FALMOUTH 1 B6

Falmouth ist der größte Urlaubsort an Cornwalls lieblicher Südküste. Zu Bedeutung gelangte dieser riesige Naturhafen durch sein Monopol bei der Verschiffung sämtlicher Post des British Empire über den Atlantik. Mit dem Aufkommen der Dampfkraft war es damit jedoch vorbei. Heute ist der Tourismus die größte Einnahmequelle; in der Werft werden außerdem noch Schiffe gebaut und repariert.

Erklimmen Sie im Zentrum die **Jacob's Steps** und genießen Sie die Ausblicke über die **Carrick Road,** wie die Mündung des Rivers Fal genannt wird, die vom **Pendennis Castle** (April–Sept. 10–18, Okt. 10 bis 17, Nov.–Feb. Sa, So 10–16, März Mi–So 10–16 Uhr £ 10,50) auf der einen und **St Mawes Castle** auf der anderen Seite überwacht wird.

Seht beliebt ist das **National Maritime Museum** mit seiner großen Bootssammlung (tgl. 10–17 Uhr, £ 13,50, www.nmmc.co.uk).

INFO

Fal River Visitor Information Centre

- 11 Market Strand | Prince of Wales Pier Falmouth | TR11 3DF | Tel. 01326-741 194 www.falmouth.co.uk

HOTEL

Bosanneth Hotel €€

Geschmackvoll eingerichtetes Haus mit Garten und Blick über Gyllyngvase Beach.

- Gyllingvase Hill | Falmouth TR11 4DW | Tel. 01326-314 649 www.bosanneth.co.uk

RESTAURANT

The Cove Restaurant & Bar €€

Simple Gerichte, von Michelin empfohlen; von der Terrasse tolle Aussicht über Maenporth Beach. Mo Ruhetag.

- Meanporth Beach Falmouth | TR11 5HN Tel. 01326-251 136 www.thecovemaenporth.co.uk

AUSFLÜGE AB FALMOUTH

ROSELAND PENINSULA C6

Die ruhige und malerische **Roseland-Halbinsel,** die wenig mit Rosen zu tun hat, sondern deren Name auf Altkornisch so viel wie »das Land, das ins Meer ragt« bedeutet, ist eine unberührte und vom Tourismus eher übersehene Region.

Sie liegt mit ihren Flüssen, bewaldeten Tälern und hübschen Dörfern wie **Gerrans, Portscatho** oder auch **Veryan** mit seinen berühmten runden Häusern im Windschatten der Lizard-Halbinsel. Deswegen hat sie eine besonders üppige Vegetation. So badet es sich auch besonders gut in den entlegenen Buchten

St Mawes Castle auf der Roseland Peninsula

und an den goldenen Stränden, z. B. **Porthbeor** mit seinen tollen Felsformationen, **Carne** oder **Pendower Beach.**

Zu erreichen ist die Roseland Peninsula über das Festland (27 Meilen) oder mit der King-Harry-Kettenfähre von Feock bei Falmouth nach Philleigh, die alle 20 Min. fährt (300 m, www.falriver.co.uk/getting-about/ferries). In Philleigh gibt es einen schönen Pub, **The Roseland Inn** (www.roselandinn.co.uk).

Eine Passagierfähre verkehrt auch von Falmouth ins Städtchen **St Mawes** 2 C6 an der Südspitze der Halbinsel, wo man sich in ein Freilichtmuseum versetzt fühlt: Steil ansteigende Sträßchen mit pastellfarbenen Cottages führen auf den Hügel mit der kleinen Kirche. Auf einer Anhöhe liegen die **Festung** (April–Sept. tägl. 10–18, Okt. bis 17, sonst Sa, So 10–16 Uhr, £ 6) und der auf Azaleen spezialisierte **Lamorran Garden** (Upper Castle Rd., TR2 5BZ, April–Sept. Mi und Fr 10–17 Uhr, £ 9, www.lamorrangardens.co.uk) – und überall warten einladende Pubs.

INFO

Roseland Visitor Centre

- The Square | St Mawes | TR2 5AG
  Tel. 0326-270 440
  www.stmawesandtheroseland.co.uk

UNTERKUNFT

Nansavallan €€

Apartment für Selbstversorger wird mit täglicher Reinigung und Lieferservice fürs Frühstück. Kleine Terrasse mit Blick über St Mawes aufs Meer.

- 9 Carrick Way | St Mawes | TR2 5BB
  Tel. 01326-270 015
  www.stmawesbedandbreakfast.co.uk

PUB

The Kings Head €–€€

Stilechter Country Pub abseits der Touristenrouten. Spezialität ist Ente.

- Ruan Lanihorne | TR2 5NX
  Tel. 01872-501 263
  www.kings-head-roseland.co.uk
  geöffnet Di abends bis Sa

TRELISSICK GARDEN B/C6

Auf dem Weg von Falmouth zur King-Harry-Fähre liegt dieser wunderbare, 10 ha große Landschaftsgarten, der vom National Trust betreut wird. Am Eingang trifft man auf einen Haus- und Kräutergarten, um dann auf stillen Wegen zwischen Rhododendren, Magnolien und Ahornarten einer Vielfalt subtropischer Pflanzen zu begegnen. Ein Schmuckstück ist die chinesische Zeder auf der zentralen Rasenfläche.

INFO

- Feock | TR3 6QL
  www.nationaltrust.org.uk/trelissick
  Mitte Febr.–Okt. tgl. 10.30–17.30, sonst 11–16.30, Haus März–Okt. Di–So 10.30 bis 17.30 Uhr

Ganz in der Nähe, im Dorf Penelewey steht der idyllische Pub **Punch Bowl & Ladle** (TR3 6QY, www.punchbowlandladle.com).

GLENDURGAN GARDEN B6

Eine gewundene, teilweise einspurige Landstraße führt nach Mawnan Smith, 8 km südwestlich von Falmouth, wo sich mehrere subtropische Schluchtgärten zum Helford River erstrecken.

Der National Trust betreut den Glendurgan Garden, an dessen Hängen Yuccas, Baumfarne, Hanfpalmen und Agaven gedeihen, nicht zu vergessen die üppigen Rhododendren – das Markenzeichen vieler Gärten Cornwalls. Das Besondere an dieser Anlage ist der **Irrgarten** aus Lorbeerhecken aus dem Jahr 1833. > mehr S. 12 Punkt 6

INFO

- Mawnan Smith | TR11 5JZ www.nationaltrust.org.uk/glendurgan-garden April–Sept. tgl. 10.30–17.30 Uhr, Okt. u. Feb.–März nur Di–So, Dez., Jan. geschl., £ 10,50

TREBAH GARDEN ★ B6

Ein paar hundert Meter weiter wuchert im nächsten geschützen Tal auf 12 ha ein wahrer subtropischer Urwald. Die Schlucht voller Palmen, baumhoher Rhododendren, Hortensien, einem Bambuswäldchen und Mangrovenhain endet an einem Privatstrand am Fluss Helford. Kinder toben gern in Tarzan's Camp, man kann wunderbar im Planters Cafe draußen sitzen (TR11 5JZ, tgl. 10–17 Uhr, £ 10, www.trebahgarden.co.uk).

Blütenpracht im Trebah Garden

INTERESSANTE MÄRKTE

- **Guildhall Market (St Ives):** Der Bauernmarkt im Rathaus bietet lokale Köstlichkeiten und Kunsthandwerk. (Do 9.30–14 Uhr, www.stivesfarmersmarket.co.uk).
- **Made in Cornwall Fair (Truro):** Der Name ist Programm – hier bekommt man in Cornwall gefertigte Produkte und Speisen (Do 10 bis 15 Uhr, neben Sainsbury).
- **Pannier Market (Tavistock):** Schon seit bald 900 Jahren existiert dieser historische Markt mit seiner riesigen Auswahl (Di–Sa 9–16.30 Uhr). > S. 84
- **Fish Market (Brixham):** Bis zu 40 verschiedene Fischsorten kommen hier zur Versteigerung. Es gibt auch Führungen mit Frühstück (Mo–Fr 6–10 Uhr, £ 15 Anmeldung: bfmt2014@gmail.com, www.visitbrixham.com/whats-on/brixham-fish-market-tours). > S. 88
- **St Nicholas Market (Bristol):** Flohmarkt in der alten Kornbörse: Kleidung, Geschenkartikel und Schmuck (Mo–Sa 9.30–17, www.bristol.gov.uk/web/st-nicholas-markets). > S. 106
- **Guildhall Market (Bath):** Auf dem historischen Rathausmarkt in der High Street bekommt man von Tee über einen Haarschnitt bis hin zu Faschingskostümen oder Elektrowaren alles (Mo–Sa 8–17.30 Uhr, www.bathguildhallmarket.co.uk). > S. 111

LIZARD PENINSULA

3 ★ B6

Die Halbinsel ist der südlichste Punkt der Britischen Inseln und ein Naturschutzgebiet. 600 Arten von Wildblumen soll es hier geben, seit 2002 brütet hier auch wieder der Nationalvogel der Grafschaft, der Cornish Chough – eine Art Alpenkrähe mit rotem Schnabel und roten Füßen, nach der man am neuen **Wildlife Watchpoint** des National Trust Ausschau halten kann. > mehr S. 16 Punkt 26 Auch die einheimische kornische Heide findet man noch auf der Lizard-Halbinsel.

Lizard ist voller Kontraste, von den sanften grünen Landschaften bis zu den dramatischen Klippen an der Südspitze, **Lizard Point,** von wo sich ein herrlicher Küstenrundblick bietet. Ein sechseckiger Leuchtturm warnt hier vor der gefährlichen Klippe. Lizard Point ist auch bekannt für seinen rot, blau und grün marmorierten Serpentinstein, aus dem Schmuck gefertigt wird.

In den winzigen Fischerdörfern liegen bunte Boote an den Stränden, weiße Häuser schmiegen sich an die Hänge. Orte wie **Coverack** oder **Kennack Sands** werden von Windsurfern geschätzt. Vielerorts verstecken sich Galerien in Lofts, ehemaligen Salzkellern oder Kapellen, etwa die Crow's Nest Gallery in **Cadgwith.** Vor allem sind die einsamen Buchten wie **Kynance Cove** (Achtung, in der Bucht, die dem National Trust gehört, herrscht oft eine gefährliche Strömung!), **Church**

Cove und **Mullion Cove** die Fahrt über enge, kurvige Straßen wert.

Tipp für Schleckermäuler: Aus Tregellast Barton kommt das Speiseeis von **Roskilly's,** das zu den besten des Landes gehört (St Keverne, TR12 6NX, www.roskillys.co.uk).
› mehr S. 15 Punkt 20

Und für Tierfreunde interessant: In **Gweek** werden in der Seal Sanctuary junge Robben aufgepäppelt (TR12 6UG, £ 15,50, online £ 10,85, www.visitsealife.com/gweek).

HOTELS

Mullion Cove Hotel €€–€€€

Hell, modern und freundlich, tolle Küche und fantastischer Ausblick. Beheizter Swimmingpool.

- Mullion Cove | TR12 7EP
  Tel. 01326-240 328
  www.mullion-cove.co.uk

The Bay Hotel €€–€€€

Alle Zimmer sind in sommerfrischen Meeresfarben gehalten, vom Restaurant und vielen Zimmern aus hat man einen schönen Meeresblick.

- Coverack | TR12 6TF | Tel. 01326-280 464
  www.thebayhotel.co.uk

SHOPPING

Ann's Pasties €

Hier werden seit Generationen Cornish Pasties gebacken; die Mutter der Inhaberin Ann hat sogar ein Kochbuch darüber geschrieben. › mehr S. 13 Punkt 11

- Sunny Corner | Beacon Terrace
  The Lizard | TR12 7PB
  Tel. 01326-290 889
  www.annspasties.co.uk
  Mo–Sa 9–15 Uhr, So nur im Sommer 9–14 Uhr

BONYTHON ESTATE GARDENS B6

Kurz vor Helston versteckt sich am Ende einer einspurigen Landstraße dieses wahre Kleinod von Garten. Bezahlt wird in eine Kasse des Vertrauens, an schönen Tagen warten kostenloser Tee und Kuchen im reetgedeckten Sommerhaus auf die Besucher. Die Anlage mit drei Seen und sorgfältig angelegten Rabatten steht den meisten kornischen Gärten in nichts nach – außer dass man hier mitunter der einzige Besucher ist (Helston, TR12 7BA, Mitte April bis Mitte Sept. Mo–Fr 10–16.30 Uhr, £ 8, www.bonythonmanor.co.uk).

PENZANCE 4 B6

Die verkehrsreiche Stadt hat einiges zu bieten, z.B. das eigenwillige **Ägyptische Haus** in der Chapel Street, einige urige Piratenpubs wie das **Admiral Benbow** und subtropische Parkanlagen mit Dattelpalmen. An der Strandpromenade entstand in den 1930er-Jahren das Meerwasserschwimmbad **Jubilee Pool.**

Die Promenade verläuft bis in den Nachbarort **Newlyn,** wo neben der größten Fischfangflotte Südenglands auch eine Künstlerkolonie zu Hause ist, deren Arbeiten im **Penlee House Gallery & Museum** zu sehen sind (TR18 4HE, April–Okt. Mo–Sa 10–17, sonst bis 16.30 Uhr, £ 5, www.penleehouse.org.uk).

Der Name Penzance bedeutet so viel wie »heilige Landspitze« und bezieht sich auf eine Kirchengründung in frühchristlicher Zeit. Ein keltisches Kreuz befindet sich auf dem Gelände der **St Mary Abbey,** die aus den 1830er-Jahren stammt (Info: www.penzance.co.uk).

UNTEREKUNFT

Chiverton House €–€€

Ruhige, aber zentrale Lage, sehr saubere Zimmer. Die netten Gastgeber machen ein tolles Frühstück und geben wertvolle Tipps.

- 9 Mennaye Rd. | Penzance | TR18 4NG
  Tel. 01736-332 733
  www.chivertonhousebedandbreakfast.co.uk

RESTAURANTS

The Tolcarne Inn €

In diesem 300 Jahre alten Pub wechselt das fischlastige Menü täglich. Spitzenküche!

- Newlyn | Penzance | TR18 5PR
  Tel. 01736-363 074
  www.tolcarneinn.co.uk

The Shore €–€€

Nüchtern-elegantes Ambiente, fangfrischer Fisch, erstklassig zubereitet.

- 13–14 Alverton St.
  Penzance | TR18 2QP
  Tel. 01736-362 444
  www.theshorerestaurant.uk
  Di–Sa 18.30–21 Uhr

AUSFLÜGE AB PENZANCE

ST MICHAEL'S MOUNT ★ 1 B6

Der markante steile Klosterfelsen in der Buch von Penzance wurde im 11. Jh. den Benediktinern als Dependance des Mont-Saint-Michel in der Normandie übereignet, später zur Festung umgebaut und schließlich der Familie St Aubyn zur Pacht auf 999 Jahre als Landsitz übereignet. Die St Aubyns wohnen immer noch hier. › mehr S. 17 Punkt 29 Der Zugang ist gezeitenabhängig, bei Flut verkehren kostenpflichtige Boote, bei Ebbe läuft man in zehn Minuten hinüber.

Auch der schöne **subtropische Garten** ist zu besichtigen.

INFO

- **Gebäude**: Mitte März–Juni und Okt. So–Fr 10.30–17.30, Juli–Sept. bis 17 Uhr, Eintritt £ 10, mit Garten £ 15
- **Garten**: Mitte April–Juni Mo–Fr 10.30 bis 17, Juli–Sept. nur Do, Fr 10.30 bis 17.30 Uhr, Eintritt nur Garten £ 8
- www.stmichaelsmount.co.uk/de

TREMENHEERE SCULPTURE GARDENS B6

Seit Herbst 2012 ist dieser Skulpturengarten mit subtropischer Bepflanzung und Kunstinstallationen in einem geschützten Tal zwischen Penzance und Marazion geöffnet. Vom Lime Tree Café aus kann man einen Blick auf den St Michael's Mount erhaschen (nahe Gulval, TR20 8YL, Garten tgl. 10.30–17.30, Galerie Di–So 11–16 Uhr., £ 8, www.tremenheere.co.uk).

ISLES OF SCILLY ★ A6

Von den rund 150 Inseln im Atlantik, 45 km südwestlich vor Land's End, sind nur fünf bewohnt, und es herrscht ein ungewöhnlich mildes Klima. Neben der größten Insel **St Mary's** ist besonders **Tresco** von Interesse: Die **Abbey Gardens** sind ein Paradies subtropischer Pflanzenwelt; selbst im Winter stehen

300 der 20 000 Pflanzen aus 80 Ländern in Blüte (April–Okt. tgl. 10 bis 16 Uhr, £ 15, Kinder unter 16 Jahren frei £ 5, www.tresco.co.uk).

INFO

Isles of Scilly Tourist Information

- Porthcressa Bank | St Mary's | TR21 0LW
  Tel. 01720-620 600
  www.visitislesofscilly.com

VERKEHR

Scilly Steamship Co.

Mit dem **Schiff** ab Penzance März–Nov. in etwa 2,5 Std.; Tagesausflug (hin und zurück) ab £ 45, Kinder £ 24.

Der **Skybus** fliegt das ganze Jahr über ab Newquay (30 Min.) und Land's End Airport (15 Min.), von März–Okt. auch ab Exeter (1 Std.). Ein Tagesausflug kostet ab £ 190.

Mit dem neuen **Hubschrauber-Service** vom Land's End Airport ab £ 215.

- Tel. 01720-422 849
  www.visitislesofscilly.com/travel

PENWITH-HALBINSEL

A/B6

Es lohnt sich, den westlichsten Zipfel Cornwalls, die Penwith Peninsula, einmal ganz in Ruhe zu umrunden. Wer die Halbinsel zu Fuß erwandern möchte, kann die 36 Meilen zwischen Penzance und St Ives auf dem South West Coast Path, dem Küstenwanderweg, immer am Meer entlanglaufen › S. 98.

MOUSEHOLE B6

Von Penzance aus kommt man durch eines der malerischsten Dörfer in Cornwall, Mousehole. Den Namen erhielt der 850-Seelen-Fischerort von der nahegelegenen Höhle 150 m südlich des Dorfkerns.

Gemütlich ist hier der Pub **The Ship Inn**, in dem man auch übernachten kann (South Cliff,

Subtropische Pflanzen in den Abbey Gardens von Tresco, einer der Scilly-Inseln

TR19 6QX, Tel. 01736-731 234, www.shipinnmousehole.co.uk).

MERRY MAIDENS B6

Einige Meilen weiter entlang der Küste stößt man auf eine Ansammlung von Landhäusern, die sich idyllisch um einen natürlichen Hafen gruppiert haben – **Lamorna.**

Von hier aus lassen sich die **Merry Maidens** leicht erwandern, ein bronzezeitlicher Steinkreis aus 19 gut 1 m hohen Megalithen. Sie waren angeblich Jungfrauen, die zur Strafe für sonntägliche Ausschweifungen – mitsamt den beiden Dudelsackspielern *(pipers)* ein paar Meter weiter – versteinert wurden.

In der Gegend findet man noch weitere Megalithanlagen, wie etwa Hügelgräber, die hier Quoits heißen, oder den Lochstein **Mên-an-Tol.** > mehr S. 12 Punkt 9

Auch die Überreste eines eisenzeitlichen Hüttendorfes von vor 2000 Jahren, **Chysauster Village,** sind einen Abstecher wert.

MINACK THEATRE 5 2 A/B6

Ein wahres Feuerwerk für die Sinne und oft spektakuläre Aufführungen bietet diese Freilichtbühne direkt über dem Meer in **Porthcurno**.

Es ist das Lebenswerk von Rowena Cade, die es in den 1920er-Jahren von Cheltenham hier ans Ende der Welt verschlagen hatte. Sie baute das Theater in atemberaubender Position direkt in die Klippen, um eine Bühne für ihre Laiendarbietungen von Shakespeare-Stücken zu schaffen und örtlichen Wandertruppen eine Spielstätte zu geben.

Von den begrasten Stufen aus haben heute bis zu 800 Zuschauer einen unvergesslichen Ausblick auf die Bühne vor der tobenden Brandung (TR19 6JU, Box Office/Info-Tel. 01736-810 181/694, www.minack.com).

Meer und Küstenlinie verleihen dem Minack Theatre eine einzigartige Kulisse

NÖRDLICH VON LAND'S END

Den Rummel von **Land's End** A6 lässt man am besten schnell hinter sich und fährt weiter nach **Sennen Cove** A6 – auch ein Klippenspaziergang hierher ist möglich. Die Bucht punktet mit ihrem schönen weißen Strand und dem »Old Success Inn«. Weiter östlich liegen mit **St Just in Penwith** A/B6 und **Zennor** B6 uralte Bergarbeiterdörfer voller Charme. In die Welt des Bergbaus führt die **Geevor Mine** A/B6 bei Pendeen ein (TR19 7EW, Ostern–Okt. So–Fr 9–17, sonst 10 bis 16 Uhr, £ 14,60, www.geevor.com). › mehr S. 12 Punkt 5

ST IVES 6 3 B6

Das wunderschöne, im Sommer aber überlaufene Städtchen an der Westküste ist stolz auf gute Strände wie **Porthmeor Beach,** gepflegte Hafenanlagen, gute Shoppingmöglichkeiten und enge Beziehungen zur bildenden Kunst › S. 40. Dass sich hier seit dem 19. Jh. immer wieder Künstler niederlassen, hat einen speziellen Markt entstehen lassen, der vielen Galerien ein Auskommen verschafft. › mehr S. 12 Punkt 2

Die **Tate St Ives** (Filiale der Londoner Tate Gallery) zeigt in ihrem sehr gelungenen modernen Gebäude (1993) am Porthmeor Beach Arbeiten von Barbara Hepworth, Ben Nicholson, Naum Gabo u. v. a. Der **Coffee Shop** der Tate St Ives bietet wunderbare Ausblicke über den Strand bei gutem Kaffee und Kuchen. Die Tate betreut auch das ehemalige Trewyn Studio, das heute **Barbara Hepworth Museum and Sculpture Garden** heißt und weitere Skulpturen am Barnoon Hill ausstellt (beide Museen März–Okt. tgl. 10–17.20, sonst Di–So bis 16.20 Uhr, www.tate.org.uk/visit/tate-st-ives). › mehr S. 15 Punkt 22

Viele Deutsche kommen auch hierher, weil Rosamunde Pilcher im Nachbarort Lelant geboren wurde. In ihren Romanen heißt St Ives Porthkerris, und wer auf ihren Spuren unterwegs ist, sollte im **Tregenna Castle Hotel** (www.tregenna-castle.co.uk) absteigen und im historischen **Sloop Inn** am Hafen sein Bier trinken.

INFO

Visit St Ives Information Centre (TIC)

- Guildhall | Street-an-Pol
  St Ives | TR26 1AA
  Tel. 01736-796 297
  www.stives-cornwall.co.uk

HOTELS

Primrose Valley Hotel €€€

Edles Boutiquehotel mit Umweltbewusstsein direkt am Strand; kein eigenes Restaurant, aber es gibt eine Bar im Haus.

- Porthminster Beach
  St Ives | TR26 2ED
  Tel. 01736-794 939
  www.primroseonline.co.uk

No 8 Windsor Terrace €

B & B in viktorianischem Kapitänshaus voller Antiquitäten und Kunst mit Blick über die Dächer der Stadt. Zwei Zimmer und ein Apartment.

- 8 Windsor Terrace | St Ives | TR26 1DP
  Tel. 01736-794 235
  www.no8windsor-st-ives.co.uk

RESTAURANTS

The Mermaid Seafood Restaurant €–€€
Familiengeführtes Restaurant in einer alten Segelmacherwerkstatt und späteren Limonadenmanufaktur. Die Spezialität ist fangfrischer Fisch.
- 21 Fish Street | St Ives | TR26 1LT
  Tel. 01736-796816
  www.mermaidstives.co.uk

Porthminster Beach Café €€
Kulinarischer Dauerbrenner direkt am Strand mit Blick auf den Godrevy Leuchtturm. > **mehr S. 13 Punkt** ⓬
- Porthminster Beach | St Ives
  TR26 2EB | Tel. 01736/795 352
  www.porthminstercafe.co.uk
  Ganzjährig geöffnet für Frühstück, Lunch, Afternoon-Tea und Dinner.

Porthmeor Cafe Bar €
Hier gibt's gute Tapas auf der beheizten Terrasse und Blick über den Surfstrand.
- Porthmeor Beach | St Ives | TR26 1JZ
  Tel. 01736-793 366
  www.porthmeor-beach.co.uk/cafe
  April–Sept. tgl. 9–22.30, Okt.–Ostern 9–17 Uhr.

St Ives, Künstlerkolonie und beliebter Badeort mit schönen Stränden

ENTLANG DER KÜSTE NACH PORTREATH

Von Hayle sollte man unbedingt die B 3301 in Richtung Portreath nehmen, um sich an drei Meilen langen Dünen zu erfreuen. Besonders gut geht das im beliebten **Godrevy Café,** das in Form einer Beachhütte nahe am Strand steht. Kurz hinter der Landspitze **Godrevy Head** B6 mit Leuchtturm, die in Rosamunde-Pilcher-Filmen Schauplatz zahlreicher romantischer Begegnungen ist, werden die bekanntesten Steilklippen erreicht: **Hell's Mouth** und **Deadman's Cove.**

Am Ende der kurvenreichen und engen Straße liegt die **Bucht von Portreath** B6 leicht zu erkennen am vorgelagerten Brandungspfeiler. Das Fischerdorf diente bis Anfang des 20. Jhs. auch als Hafen für Kupfer und Zinnexporte und ist beliebt bei Surfern.

REDRUTH 7 B6

Bei aller Naturschönheit der Grafschaft könnte man leicht vergessen, dass Cornwall über viele Jahrhunderte eines der größten Industriegebiete der Welt war. Im 18. und 19. Jh. kamen zwei Drittel des weltweit geförderten Zinns und Kupfers aus Cornwall.

Die Relikte dieser jahrtausendealten Industrie (das letzte Bergwerk schloss 1998) stehen bis heute in Form abrissreifer Maschinenhäuser über die ganze Landschaft verstreut. Sie beherbergten die Dampfmaschinen, mit denen das Grundwasser aus den Bergwerken gepumpt und die Förderbänder und Fahrstühle betrieben wurden.

Zentrum der Bergbauaktivitäten waren die Städtchen **Redruth** und **Camborne.** Die Camborne School of Mines bildet bis heute Bergarbeiter aus. Das gesamt Gebiet von West Devon bis West Cornwall wurde 2006 von der UNESCO zur »Cornish Mining World Heritage Site« (www.cornish-mining.org.uk), also zum Welterbe erhoben. Insgesamt 20 Besucherattraktionen befassen sich mit dem Industrieerbe.

Kostenfrei ist der Besuch von **Heartlands,** das sich als »kultureller Spielplatz« versteht und in eindrucksvollen Klanglandschaften und Filmen die Schwerstarbeit erfahrbar macht, die in den Stollen geleistet werden musste (Robinson's Shaft, Dudnance Lane, Pool, Redruth, TR15 3QY, www.heartlandscornwall.com).

TRURO 8 B6

Die Mündungsbucht des River Fal reicht hier weit ins Land hinein. Bei Flut kommt man mit dem Schiff bis nach Falmouth. Cornwalls Grafschaftshauptstadt wird dominiert von der **Kathedrale St Mary the Virgin** im neogotischen Stil, die erst 1910 fertig wurde. Viele Straßenzüge muten mit ihren georgianischen Stadtvillen sehr klassisch an, v. a. Lemon Street und Walsingham Place. Die **Ops** (für *openings*) wiederum sind so schmal, dass man kaum hindurchpasst. Es gibt zwei

Märkte und einen Park, Victoria Gardens.

Das **Royal Cornwall Museum** (25 River St., TR1 2SJ, tgl. 10–16.45 Uhr, £ 5,50, www.royalcornwallmuseum.org.uk) stellt die Geschichte der Region und ihre Künstler vor.

INFO

Tourist Information Shop

- Municipal Buildings | 30 Boscawen Street Truro | TR1 2NE | Tel. 01872-274 555 www.visittruro.org.uk

HOTEL

Mannings Hotel €€

34 modern gestylte Zimmer in klassizistischem Townhouse. Die Brasserie wird gern von Einheimischen frequentiert.

- Lemon Street | Truro | TR1 2QB Tel. 01872-270 345 www.manningshotels.co.uk

RESTAURANT

Tabb's €€

Elegantes Restaurant in ehemaligem Pub mit wöchentlich wechselnder Karte.

- 85 Kenwyn St. | TR1 3BZ Tel. 01872-262 110 | www.tabbs.co.uk Di–Fr 12–14 und 17.30–18.30 Uhr Dinner Di–Sa 18.30–21 Uhr.

MEVAGISSEY 9 C6

Das kleine Fischerdorf mit einem lebhaften **Fischmarkt** wirkt mit seinen alten Bootsschuppen, einem Labyrinth von Gässchen und den bunten Fischernetzen einfach zauberhaft. In einem 1745 als Werft für Schmugglerboote gebauten Schuppen findet sich ein **Museum**, das ohne viel Schnickschnack über die Menschen, deren Alltag und deren Arbeitsleben berichtet (PL26 6QR, Ostern–Okt. 11–16, Juli/Aug. 10 bis 17 Uhr, Eintritt frei, www.mevagisseymuseum.com). Ältester Pub ist der hübsche **Fountain Inn** (www.mevagissey.net/fountain.htm).

Wer schwimmen und schnorcheln möchte, sollte die Bucht von **Gorran Haven** aufsuchen.

INFO

Hurley Books

- 3 Jetty Street | Mevagissey | PL26 6UH Tel. 01726-842 200 www.visitmevagissey.co.uk

HOTELS

Honeycombe House €€

Freundliche Kiefernausstattung, spektakulärer Blick über den Hafen, hilfsbereite Gastgeber und ein tolles Frühstück.

- 61 Polkirt Hill Mevagissey | PL26 6UR Tel. 01726-843 750 mobil: 07710-593 913 www.honeycombehouse.com

Tremarne Hotel €€

Die Deko des 3-Sterne-Hotels verbreitet Strandatmosphäre, das Restaurant ist elegant, die Küche exzellent, und der Blick auf Mevagissey tut ein Übriges.

- Polkirt | Mevagissey | PL26 6UY Tel. 01726-842 213 www.tremarne-hotel.co.uk

RESTAURANTS

Salamander Restaurant €€

Das winzige Restaurant serviert Fisch aus dem Dorf und Fleisch von den umliegenden Farmen zu fairen Preisen. Nur abends geöffnet.

Ziergarten in den Lost Gardens of Heligan

- 4–6 Tregoney Hill | Mevagissey
  PL26 6RD | Tel. 01726-842 254
  www.salamander-restaurant.co.uk

Teacup Tearoom €
Moderner Tearoom im englischen Retrochic mit unschlagbar günstigen Preisen. Alle Zutaten stammen aus der Region, es gibt auch Herzhaftes.

- 21 Church St. | Mevagissey | PL26 6SP
  Tel. 07535-747 594
  www.teacuptearoom.com

LOST GARDENS OF HELIGAN 10 4 C6

Brennesseln, Brombeerbüsche und Efeu überwucherten das 400 ha große Gelände, als Tim Smit es im Jahr 1990 erstmals betrat › **auch Seitenblick S. 27.** 70 Jahre Dornröschenschlaf waren damit vorüber, die Restauration wurde mit Hilfe vieler Experten in Angriff genommen. Heute sind die verlorenen Gärten von Heligan in den Hügeln über Mevagissey eine der meistbesuchten und schönsten Gartenanlagen Cornwalls. › **mehr S. 16 Punkt** 25

Dieser Gartenkosmos um ein schlichtes Landgut herum besteht aus Nutzgärten (in denen sogar Ananas mit Hilfe von Pferdemist gedeihen), Ziergärten, einer exotischen Dschungelschlucht und einer noch in Arbeit befindlichen verlorenen Schlucht. Alles ist so hergerichtet, wie es auch im 19. Jh. von 22 Gärtnern bewirtschaftet wurde, nur sind hier heute 57 Angestellte mit 40 Teilzeitkräften am Werk.

INFO

- Pentewan | St Austell | PL26 6EN
  April–Sept. 10–18, sonst bis 17 Uhr, letzter Einlass 1,5 Std. vorher, £ 14,50
  www.heligan.com/deutsch

EDEN PROJECT 11 ★ C5/6

Nordöstlich der vom Kaolinbergbau geprägten Industriestadt St Austell erheben sich zwei gigantische Kunststoffblasen in der Landschaft: Die Gewächshäuser – u. a. das 50 m hohe größte Gewächshaus der Welt – bedecken eine Fläche von 50 Fußballfeldern.

Besucher können in den Kuppelbauten durch eine tropische Zone samt Regenwald sowie eine mediterrane Zone streifen und im Außenbereich die heimische Pflanzenwelt studieren. Schautafeln erläutern, wie wir Menschen diese Pflanzen aus aller Welt in unserem Alltag nutzen: sie essen, uns mit ihnen kleiden, uns mit ihnen heilen, und mit ihnen bauen. »Eden« steht für das Paradies – aber auch für die Vertreibung daraus. So will das Projekt unser Umweltbewusstsein schärfen › **mehr S. 12 Punkt 4**

INFO

- tgl. 9.30–18 Uhr, in Schulferien Mo–Do bis 20 Uhr. £ 27,50, Rabatte gibt es beim Kauf online oder wenn man mit öffentlichen Verkehrsmitteln anreist. 10 % Rabatt auch für das Kombiticket mit den Lost Gardens of Heligan.
  www.edenproject.com/deutsch

FOWEY 12 ★ C6

Die Schriftstellerin Daphne du Maurier (»Die Vögel«, »Rebecca«) liebte das romantische Fischerdorf, wo sie von den 1930er-Jahren bis zu ihrem Tod 1989 lebte. Für Kenneth Grahame war der Fowey River die Inspiration für sein berühmtestes Werk, den Kinderbuchklassiker »Der Wind in den Weiden«.

Weiße Segelboote dümpeln in der Bucht, wo früher Piratenschiffe ankerten. Der kleine Hafen mit seinen bunten Cottages und Pubs an der Mündung des Flusses verbreitet Ferienstimmung.

Von Fowey legt am Whitehouse Quay eine Passagierfähre nach Mevagissey ab, baden kann man am Readymoney Cove mit Sandstrand (www.fowey.co.uk).

HOTELS

The King of Prussia €€
Beliebter Pub aus dem 17. Jh., dem der Schmuggelbaron John Carter (Spitzname »King of Prussia«) den Namen gab. Sechs modern renovierte Zimmer mit Blick über den Hafen.

- 3 Town Quay
  Fowey | PL23 1AT
  Tel. 01726-833 694
  www.kingofprussiafowey.co.uk

The Old Quay House Hotel €€–€€€
Die Zimmer bieten bescheidenen Luxus in erdigen Tönen, der Blick von der Terrasse auf Fluss und Hafen ist ein Traum. Mediterrane Küche im Q Restaurant.

- 28 Fore Street | Fowey | PL23 1AQ
  Tel. 01726-833 302
  www.theoldquayhouse.com

RESTAURANTS

Fat Cap & Brisket at The Toll Bar €€
Gerichte mit japanischem Einschlag, viel Fisch. Kleine Terrasse mit Flussblick.
- 1 Lostwithiel St. | Fowey | PL23 1BD
  Tel. 01726-832 733

Sam's on the Beach €€
In einer alten Seenotrettungsstation direkt am Strand tischt Sam Burger und Fischgerichte auf. Es gibt auch einen Pizzaofen. Tgl. Ab 12 Uhr.
- 14 Polkerris | Par
  St Austell | PL24 2TL
  Tel. 01726-812255
  www.samscornwall.co.uk/on-the-beach/on-the-beach-home

NEWQUAY 13 B5

Surf City UK! Der profane Ort in atemberaubender Lage (22 000 Einw.) wird im Sommer unglaublich voll, und die Stadtverwaltung sah sich in den letzten Jahren gezwungen, den Ortskern zur alkoholfreien Zone zu erklären. Nirgendwo an dieser Küste versammelt sich so viel Jugend – für Leute mit Durchhaltevermögen der Urlaubsort schlechthin! › mehr S. 12 Punkt 3

Einige Meilen entlang der Küstenstraße Richtung Padstow steuern Urlauber gerne die Felsformation der **Bedruthan Steps** an. Bei Ebbe wird dort ein traumhafter Strand freigelegt (wegen gefährlicher Strömungen baden verboten!), und im **Carnewas Tea Room** (€) des National Trust stärkt es sich bestens (März–Okt. 10.30 bis 17 Uhr, www.nationaltrust.org.uk/carnewas-at-bedruthan).

INFO

Tourist Information Centre (TIC)
- Marcus Hill
  Newquay | TR7 1BD
  Tel. 01637-838 516
  www.visitnewquay.org

Hingehen, aber nicht baden – die Strömungen an den Bedruthan Steps sind gefährlich

HOTELS

Scarlet Hotel €€€

Im Schwesterhotel des kinderfreundlichen Bedruthan Step Hotels sind Erwachsene unter sich, um ökologisches Designerflair mit grandiosen Blicken zu genießen.

- Tredragon Road
  Mawgan Porth | Newquay | TR8 4DQ
  Tel. 01637-861 600
  www.scarlethotel.co.uk

Seavista Bed and Breakfast €€

Sieben maritim-fröhlich dekorierte Schlafzimmer, viele mit tollem Blick auf die Bucht von Mawgan Porth.

Mawgan Porth | Newquay | TR8 4AL
Tel. 01637-860276
www.seavista.co.uk

RESTAURANTS

Fifteen €€–€€€

Eines der Ausbildungsrestaurants des Starkochs Jamie Oliver in der Nachbarbucht von Newquay. Frühstück, Lunch und 6-Gänge-Dinner.

- On the Beach | Watergate Bay
  TR8 4AA | Tel. 01637-861 000
  www.fifteencornwall.co.uk
  Tgl. 8.30–10, 12–14.30 und 18.15–21.15 Uhr

The Boathouse €€

Qualitätvolle Fischgerichte, serviert in einem alten Bootshaus.

- South Quay Hill | Newquay | TR7 1HT
  Tel. 01637-874 062
  www.the-boathouse-newquay.co.uk

PADSTOW 14 C5

Am Kai von Padstow, einem gepflegten Fischerdorf an der Mündung des Flusses Camel, werden Bootsfahrten aufs Meer zum Makrelen- und Haiangeln angeboten, und in den Läden soll es die beste Cornish Pasty der ganzen Grafschaft geben. Kulinarisch wird der Ort von Rick Stein dominiert, einem Fernsehkoch, der hier ein Gastro-Imperium aufgebaut hat.

In **Prideaux Place** ★, einem Landsitz aus dem 16. Jh., den die Familie Prideaux-Brunes seit 14 Generationen bewohnt, wurden schon viele Rosamunde-Pilcher-Filme gedreht (Ostern und Mitte Mai–Anf. Okt. So–Do Führungen 13.30–16, Tea Room 10.30–17 Uhr, prideauxplace.co.uk).

Den Fluss und eine stillgelegte Bahntrasse entlang führt ein ebener Fahrrad- und Wanderweg, der **Camel Trail,** knappe 28 km bis nach Wenford Bridge. Man kann auch mit einer Fähre übersetzen ans andere Ufer in den reichsten Ort Cornwalls, **Rock** (www.rockincornwall.co.uk), der sich als Englands St-Tropez vermarktet.

UNTERKUNFT

10 Treverbyn Road €–€€

Zwei schöne Zimmer, eines mit Blick über den Fluss Camel. Die Gastgeberin Karin stammt aus Padstow und hat tolle Empfehlungen parat.

- 10 Treverbyn Rd. | Padstow | PL28 8DW
  Tel. 01841-532 487
  www.10treverbynroad.co.uk

RESTAURANTS

TV-Starkoch Rick Stein und seine Exfrau Jill betreiben ein beeindruckendes Aufgebot an gastronomischen Highlights: **Rick Stein's Café** (€), Middle St., **St Petroc's**

Der Strand an der Constantine Bay zählt zu den schönsten der kornischen Nordküste

Hotel & Bistro (€€), 4 New St., **The Seafood Restaurant** (€€€), Riverside, **St Edmund's House B & B** (€€€) hinter dem Restaurant, und inzwischen sogar **Stein's Fish & Chips** (€) am South Quay. > **mehr S. 13 Punkt 13**
Alle servieren beste Fischgerichte (Tel. 01841-532 700, www.rickstein.com).

CONSTANTINE BAY C5

Mit hinreißend schöner Landschaft bezaubert die Küste wenige Kilometer südlich von Padstow bei Constantine Bay mit Blick auf die Landzunge von Trevose Head. Der **Strand** in der Bucht gehört zu den attraktivsten und saubersten der Gegend.

Bekannt und schön an der Bay ist der 18-Loch-Golfplatz des **Trevose Golf and Country Club** (Tel. 01841-520 208, www.trevose-gc.co.uk, auch Apartments und Lodges, €€–€€€).

PORT ISAAC 15 C5

Schmale Gassen winden sich steile Hänge hinab ins alte Zentrum dieses bezaubernden Fischerdorfs, das aus weißgewaschenen Cottages des 18. und 19. Jhs. besteht. Im Ort gibt es keine Parkmöglichkeiten, also das Auto besser oberhalb stehen lassen.

RESTAURANTS

Outlaw's Fish Kitchen €€€
Das erschwinglichere von zwei Restaurants des Sternekochs Nathan Outlaw im Ort. Fishy Tapas.

- 1 Middle St. | Port Isaac | PL29 3RH
  Tel. 01208-881 183 | www.outlaws.co.uk
  So, Mo Ruhetag, im Januar geschl.

The Mote €€
Fischrestaurant im ältesten Pub des Dorfes aus dem 16. Jh. direkt am Hafen. Hummer und Muscheln sind die Renner.

- 9 Fore St. | Port Isaac | PL29 3RB
  Tel. 0120-8880 226
  www.the-mote.co.uk

Fresh from the Sea €
Krebse und Hummer aus den eigenen Fangkörben. > **mehr S. 14 Punkt 14**
- 18 New Road | Port Isaac | PL29 3SB
  Tel. 01208-880 849
  www.freshfromthesea.co.uk | 9–17 Uhr

TINTAGEL 16 ★ C5

Eindrucksvoll erhebt sich die **Burgruine** von Tintagel über dem Meer. Sie wurde im 12. Jh. von Richard, Earl of Cornwall und Bruder König Heinrichs III., erbaut. Bei Ausgrabungen hat man Töpferwaren aus dem 5. und 6. Jh. gefunden, die belegen, dass die Landzunge schon damals besiedelt war – Wasser auf die Mühlen aller Mystiker, für die Tintagel der Geburtsort von Artus ist. Um den sagenhaften König der Tafelrunde dreht sich auch der ganze Rummel der Souvenirläden, Tea Shops und Eisstände (PL34 0HE, April–Sept. tgl. 10–18, Juli, Aug. bis 19, Okt. 10–17, Nov.–März nur am Wochenende 10–16 Uhr, £ 9,50).

Das **Old Post Office** im Dorf (14. Jh.) wurde tatsächlich erst im 19. Jh. zeitweise als Postamt genutzt. Heute gehört es dem National Trust (Mitte März–Sept. tgl. 10.30 bis 17.30, sonst 11–16 Uhr, Nov. bis Feb. geschl., £ 4,60).

HOTELS

The Millhouse Inn €€
9 elegante Zimmer in einer Mühle aus dem 18. Jh. Restaurant über dem Bach, rustikale Bar. Abends oft auch Livemusik.
- Trebarwith | PL34 0HD
  13 km südlich von Tintagel
  Tel. 01840-770 200
  www.themillhouseinn.co.uk

KÖNIG ARTUS

Nach dem Abzug der Römer wehrten sich im 5./6. Jh. n. Chr. die britischen Stämme keltischen Ursprungs im Südwesten verzweifelt gegen die eindringenden Angeln und Sachsen. Um diese Zeit bauten die Briten die Festung von South Cadbury zu einem riesigen Heerlager aus, was auf die Existenz eines starken, einigenden Anführers schließen lässt. Mehrere Siege wurden errungen, und einer der keltischen Stammesfürsten, der mit diesen Ereignissen in Zusammenhang gebracht wird, hieß möglicherweise Arthur oder Artus.

Das ist eigentlich auch schon alles. Viel mehr wissen wir nicht über »König Artus« – und doch ist er zur Hauptfigur eines zentralen Mythos des europäischen Kulturkreises geworden, gefeiert und in vielen Geschichten ausgeschmückt von walisischen, englischen, französischen und deutschen Erzählern. Wer Südengland bereist, kommt an Artus kaum vorbei: Ob in Glastonbury oder Cadbury Castle, in Tintagel oder im Bodmin Moor, überall wird man mit einer modifizierten Version der Legende konfrontiert, die dem jeweiligen Ort natürlich immer die größte Bedeutung beimisst.

The Avalon Hotel €€
7 Zimmer (4 mit Seeblick) in viktorianischer Villa mit schönem Garten, neu möbliert und sehr gepflegt.
- Atlantic Road | Tintagel | PL34 0DD
  Tel. 01840-770 116
  www.theavalonhotel.co.uk

BOSCASTLE 17 C5

Eine der schönsten Aussichten Cornwalls eröffnet sich dem Naturliebhaber von der weiß getünchten Küstenwache auf der Klippe hoch über dem kleinen Naturhafen von Boscastle.

Der Ort, der 2004 von einer Flutkatastrophe heimgesucht wurde, liegt in einem schmalen Tal am Zusammenfluss dreier Bäche.

Neben hübschen Tea Rooms und Pubs ist hier seit fast 60 Jahren die Touristenattraktion das **Museum of Witchcraft,** das inzwischen größte Hexenmuseum Europas (April bis Okt. Mo–Sa 10.30–18, So ab 11.30, Eintritt £ 5, www.museumofwitchcraftandmagic.co.uk).

BODMIN 18 C5 UND UMGEBUNG

Bodmin ist keine echte Schönheit. Der Marktflecken soll der Legende nach vom hl. Petroc gegründet worden sein, dessen Schrein das Städtchen im 11. Jh. zu einem Wallfahrtsort machte. Wer sich gerne gruselt, kann die sechs Ausstellungsetagen, die Kerker und Hinrichtungsstätten des **Bodmin Jail** besuchen (PL31 2NR, Mai–Aug. tgl. 9.30–20, sonst bis 18 Uhr, £ 10, www.bodminjail.org).

Wesentlich idyllischer als die Ruine des alten Gefängnisses ist eine Fahrt mit der **Bodmin & Wenford Railway,** die 13 Meilen durch die Landschaft dampft (www.bodminrailway.co.uk).

Weinliebhaber schauen im **Camel Valley Vineyard** vorbei › auch Seitenblick S. 26, dessen kornischer Schaumwein dem Champagner ernsthaft Konkurrenz macht (Nanstallon, PL30 5LG, www.camelvalley.com). › mehr S. 14 Punkt 17

LANHYDROCK HOUSE 5

Der wunderschöne spätviktorianische Landsitz mit Bauteilen aus dem 17. Jh. liegt in 180 ha Parkland, das sich bis zum River Fowey erstreckt. › mehr S. 16 Punkt 26

Beeindruckend ist schon die Zahl der zu besichtigenden 51 Räume, die genau so verblieben sind, als käme die Familie eben gleich von einem Londonaufenthalt zurück. Man durchläuft dabei nicht nur die herrschaftlichen Zimmer, sondern auch die Dienstbotenquartiere und den wunderbaren Küchentrakt und kann sich so ein detailgetreues Bild vom Leben beider Klassen in solch einem Herrensitz machen.

In den formalen Gärten neben und oberhalb des Hauses blühen über hundert Magnolienarten (März–Okt. tgl. 11–17.30, Dez. bis 16 Uhr, Nov., Jan. Feb. geschl., Eintritt £ 15,95, Parkgebühr £ 3, www.nationaltrust.org.uk/lanhydrock). Hier bietet der National Trust auch eine Unterkunft an › S. 154.

PENCARROW HOUSE

Allein die 1,5 km lange Zufahrt durch einen 20 ha großen Landschaftspark voller uralter Koniferen, exotischer Nadelbäume und mehr als 700 Rhododenronarten lohnt den Besuch des klassizistischen Landsitzes.

Das Herrenhaus wird seit 500 Jahren von der Familie Molesworth-St Aubyn bewohnt, die elf ihrer leicht abgewohnten Räume für Besucher geöffnet haben. Auch das Pilcher-Team vom ZDF war schon hier für Filme wie »Klippen der Liebe« und »Eine Frage der Ehre« (April–Sept. So–Do 11.15–15 Uhr, Besichtigung nur mit Führung, Gärten März–Okt. tgl. 10–17.30 Uhr, £ 10,75, www.pencarrow.co.uk).

BODMIN MOOR C5

Oft als Dartmoor im Miniaturformat bezeichnet, handelt es sich beim Bodmin Moor ebenfalls um eine Granithochebene, aus der sich abstrakten Skulpturen ähnelnde *Tors* (Granithügel) und bizarre Felstürme in der Heidelandschaft erheben.

Über Bodmin Moor erzählt man sich gerne Geschichten von übernatürlichen Ereignissen. Die berühmteste handelt von dem Frauenarm, der im **Dozmary Pool** südlich von Bolventor aus dem Wasser aufgetaucht sein soll, um Artus' Schwert Excalibur entgegenzunehmen. In den 1950er-Jahren beschrieben Einheimische ein grünes Geisterauto als Oldtimer mit Öllampen, in dem vier angeheiterte junge Männer übers Moor fuhren. Zudem wurden im Bodmin Moor ebenso wie im Exmoor geheimnisvolle Großkatzen gesichtet, die Schafe gerissen haben sollen – 1993 fiel ein solches Tier angeblich sogar eine Frau an, die mit ihrem Hund spazieren ging.

Mitten auf dem Moor in der Nähe von Bolventor spielt im **Jamaica Inn** die gleichnamige Schmugglergeschichte von Daphne du Maurier. An den Pub grenzt das kleine **Daphne du Maurier's Smugglers Museum** (tgl. 8–21 Uhr, Eintritt £ 3,95, www.jamaicainn.co.uk/cornwall-museum).

PLYMOUTH 19 D5/6

Mit ca. 264 000 Einwohnern ist Plymouth der größte Ballungsraum an Englands Südwestküste. Die Innenstadt wurde im Zweiten Weltkrieg weitgehend zerstört.

Die geometrisch ausgerichteten Straßenzüge zwischen Mayflower Street und Royal Parade entlang des Armada Way basieren auf einem Gesamtplan von Sir Patrick Abercrombie aus der Nachkriegszeit. Etwas vom Beton der 1960er-Jahre hat inzwischen die durchaus schmucke, aber recht kleine Shoppingmall **Drake Circus** ersetzt (www.drakecircus.com).

Das Stadtbild prägen nach wie vor die Angehörigen und Einrichtungen der Royal Navy, und natürlich legt Plymouth besonderen Wert auf seine stolze Seefahrtgeschichte.

Ausgerechnet New Street heißt eine der wenigen übriggebliebenen Altstadtstraßen, in der das **Elizabethan House** aus dem 16. Jh. steht. Unweit davon widmet sich in der St Andrews Street (Nr. 33) das **Merchant's House Museum** (16./17. Jh.) der Stadtgeschichte (Beide Häuser sind derzeit wegen Renovierung geschlossen, www.plymhearts.org/elizabethan-house).

The Hoe heißt eine Parkanlage mit Promenade auf dem Landvorsprung zwischen den Hafenbecken. Hier ehrt eine Statue Francis Drake, und ein Denkmal erinnert an die von ihm besiegte spanische Armada.

Vom Leuchtturm **Smeaton's Tower** aus hat man einen schönen Blick über die Stadt (tgl. 10–17 Uhr, Eintritt £ 4, www.plymhearts.org/smeatons-tower).

Gleich nebenan erhebt sich die um 1670 erbaute Hafenfestung **Royal Citadel.** Die **Mayflower Steps,** die Treppe, von der die Pilgerväter 1620 ihr Schiff bestiegen, um nach Amerika zu segeln, sind heute ein Denkmal etwas östlich der Zitadelle. Von hier fährt die Fähre auch zum neu renovierten Royal William Yard, wo sich viele Restaurants angesiedelt haben.

Im **National Marine Aquarium** gegenüber kann man unter anderem Tigerhaie, ein tropisches Korallenriff und Seepferdchen bewundern (Rope Walk, Coxside, PL4 0DX, tgl. 10–17 Uhr, £ 16,95, Familien £ 53,50, www.national-aquarium.co.uk).

INFO

Tourist Information Centre (TIC)

- Plymouth Mayflower
  3–5 The Barbican (nahe Royal Citadel)
  Plymouth | PL1 2LR
  Tel. 01752-306 330
  www.visitplymouth.co.uk

HOTELS

The Grosvenor Hotel €€

Modernisiertes Hotel mit Bar und 28 guten Zimmern gleich an The Hoe.

- 7–9 Elliott Street | Plymouth | PL1 2PP
  Tel. 01752-260 411
  www.grosvenor-plymouth.com

Smeaton's Tower im Park The Hoe in Plymouth

See Breezes Guest House €€
Geschmackvolle, beinahe schon luxuriöse Pension direkt an The Hoe.
- 28 Grand Parade | Plymouth | PL1 3DJ
  Tel. 01752-667205
  www.plymouth-bedandbreakfast.co.uk

RESTAURANTS

Platters €€
Legendäres Fischrestaurant am Hafen. Die schlichte Ausstattung täuscht, der Fang vom Tage wird frisch serviert.
- 12 The Barbican | Plymouth | PL1 2LS
  Tel. 01752-227 262
  www.plattersrestaurant.co.uk

The Barbican Kitchen €€
In der Brasserie im ehemaligen Dominikanerrefektorium aus dem 15. Jh. stimmt die Atmosphäre ebenso wie das Essen.
- Plymouth Gin Destillery
  60 Southside St. | Plymouth
  PL1 2LQ | Tel. 01752-604 448
  www.barbicankitchen.com
  So geschl.

Quay 33 €–€€
Beliebtes Bistro mit freundlicher Atmosphäre, hausgemachten Gerichten und einer tollen Lage am Sutton Harbour.
- 33 Southside Street | Plymouth | PL1 2LE
  Tel. 01752-229345
  www.quay33.co.uk
  So geschl.

AUSFLÜGE AB PLYMOUTH

RAME PENINSULA 20 D6

Auf der Westseite des Tamar River, der die Grenze zwischen den Grafschaften Devon und Cornwall markiert, liegt Cornwalls *forgotten corner:* eine Landschaft aus elf Meilen Küste mit weißen Sandstränden (z. B. Whitsand Bay) und verschwiegenen Buchten, in die sich kleine Dörfer ducken, umgeben von fruchtbarem Farmland und weiten Parkanlagen. Sie ist als Gebiet besonderer Schönheit naturgeschützt.

Setzt man mit der Fähre über, kommt man drei Meilen westlich von Torpoint unweigerlich am **Antony House** vorbei. Daphne du Mauriers Roman »Meine Cousine Rachel« soll eine Beschreibung der Hausherrin Rachel Carew gewesen sein, deren Nachkommen immer noch hier leben. Neben Rosamunde-Pilcher-Filmen wurde hier auch für Walt Disneys »Alice im Wunderland« gedreht. Sehenswert ist auch der elisabethanische Knotengarten (PL11 2QA, April–Okt. Di bis Do 12–17 Uhr, Juni–Aug. auch So. u. Mo, £ 10, www.nationaltrust.org.uk/antony).

Der Zipfel der Halbinsel, **Rame Head,** schützt den Plymouth Sound vor den bitteren Weststürmen und wird von den Überresten der St Michael's Chapel bewacht. Von **Kingsand,** dem autofreien kleineren Zwillingsort von **Cawsand,** führt ein Küstenpfad dorthin.

Viele Touristen kommen auch für einen Besuch des Herrenhauses **Mount Edgcumbe** hierher, dass zu Zeiten Queen Elizabeths I. erbaut, aber im Zweiten Weltkrieg schwer beschädigt wurde. Bereits mehrfach diente der Wiederaufbau als Drehort für Rosamunde-Pilcher-Filme (PL10 1HZ, April–Sep. So–Do 11 bis 16.30 Uhr. £ 7,20, www.mountedgcumbe.gov.uk).

Blumenfreunde finden hinter dem Haus die nationale Kameliensammlung und im ausgedehnten Landschaftspark auch eine bezaubernde **Gartenanlage**, die kostenfrei zu besuchen ist.

VERKEHR

- Ab Devonport mit der **Torpoint-Autofähre** (www.tamarcrossings.org.uk) oder ab Stonehouse (Admirals Hard) mit der **Cremyll-Passagierfähre** (www.plymouthboattrips.co.uk/ferries/cremyll-ferry; Fußweg zum Mount Edgcumbe House).
- Im Sommer verkehrt eine Passagierfähre von Plymouth Barbican nach **Cawsand** (www.plymouthboattrips.co.uk/ferries/cawsand-ferry).

RESTAURANT

Devonport Inn €

Stilvoller Pub am Wasser; handgebackene Cornish Pasties und allerlei Meeresfrüchte wie Muscheln und Exe-Austern.

- The Cleave | Kingsand | PL10 1NF
  Tel. 01752-822 869
  www.devonportinn.com
  Außerhalb der Ferien Di Ruhetag

PUB

The View €€

Zurückhaltend chic präsentiert Chefkoch und Besitzer Matt Corner sowohl Einrichtung als auch die Speisen. Einfach, aber zeitgemäß und mit einem Blick »to die for«, hoch oben auf den Klippen über die See und Whitsand Bay.

ROSAMUNDE PILCHER

Seit mehr als 20 Jahren verfilmt das ZDF an Originalschauplätzen in Südengland die Romane und Kurzgeschichten von Rosamunde Pilcher. Die Autorin wurde 1924 im Nachbarort von St Ives, Lelant, als Rosamunde Scott geboren, zog aber nach dem Kriege mit ihrem Ehemann Graham Pilcher nach Schottland, wo sie am 6. Februar 2019 verstarb. Ihr eher konservativer Lebensstil brachte vier Kinder, kreative Spaziergänge mit ihren Hunden und – wenn der Mann jagen und golfen war – viel Zeit zum Schreiben hervor. Seit 1993 Sophie von Kessel erstmals in »Stürmische Begegnungen« ihrem Traummann an der Klippe von Land's End in die Arme sank, sind mehr als 130 Adaptionen vergangen. Gedreht wurde viel in der Natur, wo vor allem die Damen aus gutem Hause die schönsten Küstenabschnitte, Strände und Felsformationen entlang radeln, wandern oder joggen, aber auch an vielen markanten Sehenswürdigkeiten. Besonders schön sind die Aufnahmen in den Dutzenden von Herrenhäusern wie Longleat, Antony House, Mount Edgcumbe, Lanhydrock House, Pencarrow oder Bonython Manor, in denen die Mütter der Liebenden Intrigen spinnen und die Verlassenen sich ihren Kummer von der Seele weinen. Der am häufigsten genutzte Landsitz ist mit Abstand Prideaux Place in Padstow › **S. 74**, dessen Hausherr Peter Prideaux-Brune und seine Frau Elisabeth nicht nur mit den Filmemachern eng befreundet sind, auch die Autorin selbst zählte gelegentlich zu den Gästen. Weitere Details zu den Filmen und Drehorten finden Sie unter www.pilcher-drehorte.blogspot.com.

Karte S. 54

- Trenninow Cliff Road | Torpoint PL10 1JY | Tel. 01752-822 345 www.theview-restaurant.co.uk Mo, Di geschl.

LOOE UND POLPERRO

Zwei der traditionsreichsten und bezauberndsten Fischerorte liegen rund 45 Autominuten westlich von Plymouth an der Küste.

Looe 21 [C6, das der gleichnamige Fluss in zwei Hälften teilt, hat eine hübsche mittelalterliche Altstadt mit engen Gassen. Am Kai hat eine überschaubare Fischfangflotte festgemacht, in den Docks herrscht vormittags das bunte Treiben eines kleinen Fischmarktes. Verschiedene Veranstalter bieten Ausflüge zum Hochseefischen, als besonderer Nervenkitzel kann man Haie angeln. Am Banjo Pier gibt es einen Badestrand, und vor der Flussmündung liegt das Vogelschutzgebiet **St George's Island** (auch Looe Island genannt), wohin im Sommer Fähren übersetzen (www.cornwallwildlifetrust.org.uk/looeisland).

Polperro 22 C6 liegt wenige Meilen weiter am Ende eines engen, langen Tals. Besucher parken außerhalb und spazieren rund 800 m die autofreie Straße an Souvenirläden, Schmugglercottages und Pubs vorbei. In einer alten Fischfabrik gibt das **Schmugglermuseum** Einblick in die Geschichte des Dorfs. › mehr S. 16 Punkt 28

Wer als Andenken kornische Trolle erstehen möchte, ist im **Joan The Wad & Cornish Jewellery Shop** am richtigen Ort (www.joanthewad.co.uk). › mehr S. 17 Punkt 33 Abends gibt es oft Livemusik im **Blue Peter Inn** am Quay (www.thebluepeterinn.com).

DIE BESTEN FISH & CHIPS

Fish & Chips sind in Bierteig getauchte und frittierte Filets von Kabeljau *(cod)* oder Schellfisch *(haddock)*, serviert mit Pommes Frites *(chips)*, die man salzen und mit verdünntem Essig beträufeln sollte. Ausgezeichnete Adressen in Südengland sind u. a.:

- **Harbour Fish & Chips, St Ives** B6
  Wharf Road | TR26 1LF
  www.harbourfishandchips.co.uk
- **Stein's Fish & Chips, Padstow** C5
  South Quay | PL28 8BL
  www.rickstein.com
- **Rockfish Seafood & Chips, Dartmouth** E6
  8 South Embankment | TQ6 9BH
  www.therockfish.co.uk
- **Harbourside Traditional Fish & Chips, Plymouth** D5/6
  35 Southside Street
  The Barbican | PL1 2LE
  www.barbicanfishandchips.co.uk
- **The Scallop Shell, Bath** G3
  22 Monmouth Pl. | BA1 2AY
  www.thescallopshell.co.uk
  So Ruhetag

HOTEL

Commonwood Manor €–€€

Zu den Annehmlichkeiten dieser familiengeführten Pension gehören ein Außenpool und Terrasse, eine Bibliothek und ein Kinosaal sowie eine umfangreiche Weinkarte für lauschige Abende am Kamin.

- St. Martins Road | East Looe | PL13 1LP
  Tel. 01503-262929
  www.commonwoodmanor.com

SALTRAM HOUSE 23 D5/6

Dieser Landsitz etwas östlich von Plymouth bei Plympton stammt aus der Tudorzeit und wurde um 1740 im klassizistischen Stil umgestaltet. Er galt seinerzeit als eines der prachtvollsten Häuser im Königreich. Ganz in der Nähe wurde Joshua Reynolds geboren; 14 seiner Gemälde hängen in Saltram House. Zwei der Repräsentationsräume gestaltete Robert Adam (PL7 1UH, März–Okt. tgl. 12–16.30, 21. Nov.–30. Dez. 12 bis 20 Uhr, sonst unterschiedlich, Nov. und Jan. teilweise geschl.; Garten ganzjährig geöffnet, £ 11,60, www.nationaltrust.org.uk/saltram).

COTEHELE HOUSE 24 D5

Diese intime Tudor Mansion mit gepflegten Gärten war fast 600 Jahre im Besitz der Familie Edgcumbe, wurde aber nach dem Bau des gleichnamigen Landsitzes › S. 80 nur noch selten bewohnt und blieb somit fast unverändert. Sie ist für ihre ungewöhnlich große Sammlung an Brüsseler und Antwerpener Tapisserien bekannt.

Am Ufer des Tamar werden die Barkasse Shamrock und die Wassermühle von Cotehele Quay vom National Maritime Museum betrieben (St Dominick nahe Saltash, PL12 6TA, Mitte März–Okt. tgl. 11 bis 16 Uhr, Nov./Dez. eingeschränkt, Gärten bis Sonnenuntergang geöffnet, £ 11,60, www.nationaltrust.org.uk/cotehele).

DARTMOOR 25 6 D/E5

Die 953 km² des Nationalparks umfassen heute das am dünnsten besiedelte Gebiet Englands. Nur hier gibt es noch Anhöhen, von denen man rundum keine einzige menschliche Behausung zu sehen bekommt. Menschenleer ist es hier jedoch nie gewesen. Das Dartmoor muss in vorgeschichtlicher Zeit sogar geradezu ein Ballungsraum gewesen sein. Kaum irgendwo sonst findet man so viele prähistorische Relikte: **Grimspound** im Nordosten ist die wohl besterhaltene bronzezeitliche Siedlung Englands mit 24 kreisförmigen Hüttenfundamenten innerhalb eines Walls (und einigen Rekonstruktionen).

Derartig markante Schauplätze lassen sich in Sir Arthur Conan Doyles Sherlock-Holmes-Roman »Der Hund von Baskerville« problemlos identifizieren. Die Hochebene mit ihren weiten Heideflächen und Baumbeständen an den tief in den Granit eingeschnittenen Bachbetten und imposanten Wasserfällen (Becky Falls oder The White Lady) ist von zahllosen Schafen und mehreren Ponyherden bevölkert, die futtergenügsam und wetterunempfindlich das Moor vor der Verbuschung retten.

Vorsicht: Es wird darum gebeten, die Ponys nicht zu füttern, damit sie den Straßen möglichst fern-

bleiben. Den Schafen ist das allerdings nicht beizubringen. Autofahrer sollten daher stets auf Schafe auf der Fahrbahn gefasst sein.

Wenn man von Osten kommt, ist **Moretonhampstead** E5 das Tor zum Dartmoor. Der Marktflecken lag einst auf der Packeselroute zwischen Exeter und Plymouth.

Durchquert man das Moor nach Westen, erreicht man **Tavistock** D5, einen Marktflecken mit einem uralten **Panniermarkt,** der als Geburtsort von Sir Francis Drake gilt und mit der Originalstatue des Abenteurers aufwarten kann. Dieser lebte auch nicht weit von hier in einer umgebauten Abtei, **Buckland Abbey** > S. 85.

Auf dem Weg dorthin kommt man durch das Dorf **Princetown** D5, wo das berühmt-berüchtigte Hochsicherheitsgefängnis zum Gruseln animiert.

Mitten im Moor sollte man in **Postbridge** D5 halten, wo die rund 800 Jahre alte, aus Granitplatten *(clappers)* gebaute **Clapper Bridge,** die besterhaltene Brücke des Dartmoors, ein beliebtes Fotomotiv darstellt.

Den Charme vergangener Zeiten spürt man auch in **Widecombe in the Moor** E5. Die Kirche St Pancras aus dem 14. Jh. ist dank ihres 37 m hohen Turms und großen Innenraums als »Kathedrale des Moores« bekannt. Die Decke ziert das Emblem der Zinnbergwerker, ein Ring aus drei Hasen. Im Herbst wird hier eine beliebte Kirmes abgehalten, die auch ein weithin bekanntes Lied produziert hat: »Uncle Tom Cobley«. Zur Einkehr laden zwei schöne Pubs und einige Tea Shops ein.

Ein Stück weiter östlich lohnt sich ein Halt, um den Granitfelsen **Haytor** E5 (457 m ü. d. M.) zu erklimmen und den Ausblick zu ge-

Die Clapper Bridge im Dartmoor

nießen. Der Haytor war u. a. Drehort für »Die Ritter der Tafelrunde« mit Robert Taylor und Ava Gardner.

Auf der Strecke von Tavistock nach Okehampton lohnt ein Besuch der **Lydford Gorge** D5, wo sich das Flüsschen Lyd tief ins Gestein gefressen hat und ein wildromantischer Weg durch die Schlucht zum Wasserfall und dem Teufelskessel (Devil's Cauldron) führt (EX20 BH, März–Sep. 10–17 Uhr, Okt. bis 16 Uhr, £ 9,40, www.nationaltrust.org.uk/lydford-gorge).

INFO

High Moorland Visitor Centre

Kleine Ausstellung zu Conan Doyles Roman »Der Hund von Baskerville«.

- Old Duchy Hotel | Tavistock Road
  Princetown | PL20 6QF
  Tel. 01822-890 414
  www.visitdartmoor.co.uk
  www.dartmoor.gov.uk

HOTEL

The Old Inn Pub und Restaurant €€

Modernisierter Traditionspub mit Garten und Aussicht. So abends geschl.

- Widecombe in the Moor | TQ13 7TA
  Tel. 01364-621 207
  www.theoldinnwidecombe.com

BUCKLAND ABBEY 26 D5

Das Anwesen am südlichen Rand des Dartmoors war ab 1581 der Landsitz von Francis Drake. Drake hatte das Gebäude mit den Reichtümern erworben, die ihm seine Weltumsegelung 1577–1580 auf der Galeone »Golden Hind« (ihr Nachbau ankert im Hafen von Brixham › S. 88) eingebracht hatte. Die ältesten Teile des Baus gehen zurück auf eine Zisterzienserabtei (13. Jh.), aber die meisten Besucher interessieren sich mehr für die Memorabilien des berühmten Seefahrers.

INFO

- Yelverton | PL20 6EY
  Mitte Feb.–Okt. tgl. 11–17, Nov., Dez. tgl. 11 bis 16 Uhr, £ 11,55
  www.nationaltrust.org.uk/buckland-abbey

CASTLE DROGO 27 E5

Am nördlichen Rand des Darmoors steht die jüngste Burg des Landes. Castle Drogo wurde 1910–1939 von Sir Edwin Lutyens für den Einzelhandelsmagnaten Julius Drewe erbaut, der so erfolgreich mit indischem Tee spekuliert hatte, dass er sich mit Mitte 30 zur Ruhe setzen und dem Angeln, Golfen und Müßiggang widmen konnte. Der massive Granitklotz war allerdings erst kurz vor seinem Tode fertig und wirkt mit seinen angedeuteten Zinnen fast ein wenig lächerlich. Die Innenräume sind hingegen eine freudige Überraschung und sehr wohnlich: Wände aus grob behauenem Granit wechseln sich mit exquisiter Holzvertäfelung ab.

INFO

- Drewsteignton | EX6 6PB
  März–Okt. tgl. 11–17 Uhr, Eintritt £ 11,60
  www.nationaltrust.org.uk/castle-drogo

BUCKFAST ABBEY 28 D5

Nur vier, selten einmal sechs Mönche haben diese Benediktinerabtei innerhalb von nur 30 Jahren im romanischen und neugotischen Stil gebaut – vielmehr wieder aufgebaut. Fertig war das Gotteshaus, das bis heute ein aktives und sich selbst versorgendes Kloster ist, im Jahr 1937, seine wechselvolle Geschichte umspannt jedoch mehr als 1000 Jahre. Während der Reformation wurde Buckfast Abbey wie andere Klöster zerstört. Eine Schar französischer Mönche kaufte dann die Ruine, um die Kirche nach alten Plänen zu rekonstruieren, doch erst Anfang des 20. Jhs. konnte der Wiederaufbau beginnen. Da damals zwei Drittel der Mönche Deutsche waren, sind z.B. Altar und Taufbecken Kopien aus Kathedralen ihrer Heimat. Die modernen Buntglasfenster stammen aus der hauseigenen Werkstatt.

Im Shop werden in der Abtei hergestellte Produkte wie Honig oder Cider verkauft (Buckfastleigh, TQ11 0EE, tgl. 9–17, im Winter 9.30–16.30 Uhr, Eintritt frei, www.buckfast.org.uk).

TORQUAY 29 E5

Wenn die Sonne scheint, kann hier an der »englischen Riviera« eine Atmosphäre gepflegten Müßiggangs aufkommen – eine palmengesäumte Strandpromenade, viktorianische Hotels und ein geschäftiger Jachthafen tragen ebenso dazu bei wie ein Einkaufsbummel über die Union Street. Aber schon bald möchte man Rudyard Kipling beipflichten, der Torquay als einen Ort beschrieb, »den ich allzu gern aufrütteln würde, indem ich nur mit meiner Brille bekleidet durch die Straßen tanze«.

Solche Vorstellungen mögen auf Damen wie Agatha Christie abgezielt haben, die in ihrer Autobiographie den Grund nennt, warum sie Ende der 1930er-Jahre aus ihrem Haus »Ashfield« am Hügel über dem Ort auszog, wo sie aufgewachsen war: Die Nachbarvilla hatte eine psychiatrische Anstalt übernommen. Christie hätte der nackte Kipling sicherlich schockiert …

Das **Torquay Museum** zeigt neben naturgeschichtlichen und archäologischen Ausstellungsstücken aus der Region auch eine interaktive Schau zum Thema Agatha Christie (529 Babbacombe Road, TQ1 1HG, Mo–Sa 10–16 Uhr, Eintritt £ 6,70, www.torquaymuseum.org).

Zu den weiteren Attraktionen von Torquay, das auch eines der südenglischen Zentren für Sprachkurse ist, zählt die restaurierte Zisterzienserabtei **Torre Abbey** aus dem 12. Jh., die jetzt als historisches Museum und zeitgenössische Galerie fungiert (The King's Drive, TQ2 5JE, tgl. 10–17 Uhr, £ 8, www.torre-abbey.org.uk).

In der großen Tropfsteinhöhle **Kents Cavern** sollen vor über 450 000 Jahren Steinzeitmenschen gehaust haben (9.30–16.30, im Winter 10–15.30 Uhr, £ 12, www.kents-cavern.co.uk).

Am **Oddicombe Beach** nördlich der Stadt führt eine Zahnradbahn über die Klippen hinab zum Strand.

INFO

Visitor Information Point

Hier liegen Faltblätter aus, u. a. über den **Agatha Christie Trail** zu den mit der Kriminalschriftstellerin verbundenen Stätten.

- Torbay Road | Torquay | TQ2 5JG
  Tel. 01803-211 211
  www.englishriviera.co.uk

HOTEL

Osborne Hotel €€

Elegante Herberge in klassizistischer Häuserzeile, frisch renoviert. Vom schönen Garten und dem beheizten Pool blickt man auf den Meadfoot Strand.

- Hesketh Crescent | Torquay | TQ1 2LL
  Tel. 01803-213311
  www.osborne-torquay.co.uk

RESTAURANT

NUMBER 7 €€

Familiengeführtes Bistro, das sich auf fangfrischen Fisch aus Brixham spezialisiert hat. Man sieht's an der Deko.

- 7 Beacon Terrace | Torquay | TQ1 2BH
  Tel. 01803-295 055 | www.no7-fish.com
  Lunch Mi–Sa, Dinner Juli–Sept. tgl., Juni und Okt. So geschl., Nov.–Mai So und Mo geschl.

NIGHTLIFE

Hole in the Wall

Torquays ältester Pub liegt versteckt in einer kleinen Seitengasse vom Hafen. So, Di und Do ab 21 Uhr Livemusik.

- Park Lane | The Strand
  Torquay | TQ1 2AU | Tel. 01803-200755
  www.holeinthewalltorquay.co.uk

AUSFLÜGE VON TORQUAY

COCKINGTON E5

Lässt man die Küste am westlichen Stadtrand hinter sich, trifft man 1,5 km landeinwärts unversehens auf Cockington. Durch alte Baumbestände führt die Straße ins Dorf hinab, plötzlich blickt man auf Häuser mit abgerundeten Reetdächern, perfekt geschnittenen Hecken und

Torquay, Hauptort der »englischen Riviera«

makellosen Blumenbeeten. Die Kirche beim Landsitz (Café, Glasbläserei, Schmiede, Rosengarten) ist normannischen Zuschnitts, der Bach neben der Dorfstraße bewegt noch ein Mühlrad. Natürlich ist dies ein reines Schaustück für Touristen, aber dennoch sind die meisten Cottages so alt, wie sie aussehen, und werden von normalen Menschen bewohnt – nur dass diejenigen, die *keine* Handarbeiten oder Ähnliches verkaufen, das auf Schildern kundtun. Im **Drum Inn Country Pub** (Architekt Sir Edwin Lutyens) kann man den Abend stilecht ausklingen lassen.

DIE TORBAY E5/6 UND BRIXHAM E6

Die Küste der Tor-Bucht erstreckt sich über gut 30 km. Verlässt man die Stadt Richtung Westen, geht Torquay nahtlos über in das Urlaubsstädtchen **Paignton** über, das mit seinem Pier und den Rummelanlagen familienfreundlicher ist als die elegantere Schwester. Sehenswert ist hier Oldway Mansion der Familie Singer (die Nähmaschinendynastie), da Paris Singer den »Wigwam« seines sexuell sehr umtriebigen Vaters zu einem »kleinen Versailles« samt Spiegelsaal hat ausbauen lassen.

Von Paignton dampft ein **historischer Zug** nach Kingswear/Dartmouth (Queenspark Station, Torbay Road, TQ4 6AF, Fahrplan unter www.dartmouthrailriver.co.uk).

Sehr hübsch ist am westlichen Ende der Bucht der historische Fischerort **Brixham,** im Mittelalter der größte im Südwesten. Eine Investition von £ 26 Mio. hat dafür gesorgt, dass hier noch immer Fisch im Wert von £ 40 Mio. jährlich auf dem **Fischmarkt** verkauft werden kann. Im Hafenbecken ankert die Replika von Francis Drakes **Golden Hind,** mit der er als erster Engländer die Welt umsegelte (Febr.–Okt. tgl. 10–16 Uhr, in den Schulferien länger, £ 7, wwwgoldenhind.co.uk).

HOTEL

Berry Head Hotel €€–€€€

Dieses Hotel des National Trust an der gleichnamigen Landspitze verspricht eine glorreiche Aussicht – und hält das Versprechen. Es hat einen Swimmingpool, die Bar hat eine Terrasse mit Aussicht und es gibt Parkplätze.

- Berry Head Road | Brixham | TQ5 9AJ
  Tel. 01803-853 225
  www.berryheadhotel.com

RESTAURANT

Shoals Café on the Lido €–€€

Sarah und Sean stammen aus einer Fischerfamilie, entsprechend gibt es hier überwiegend Fisch, frisch vom Kutter. Die Aussicht über's Meer und das Schwimmbad (Lido) ist unschlagbar.

- Berry Head Road | Brixham | TQ5 9AE
  Tel. 01803-854874
  www.shoalsbrixham.co.uk
  Tgl. 9–21, Frühstück bis 11 Uhr

TOTNES 30 E5/6

Eine halbe Stunde Autofahrt ins Landesinnere, wo der Dart nicht mehr schiffbar ist, liegt in den Hang geschmiegt das Städtchen Totnes, das den Besucher gute 900 Jahre zurückversetzt. Über dem Ort thront wie eine Krone der zinnenbewehrte Rundturm der normannischen Burg **Totnes Castle** aus dem 11. Jh. Auch der hübsche Ortskern mit der steil ansteigenden **Fore Street** samt den blitzsauber restaurierten Häusern aus dem 16./17. Jh. ist sehenswert. Von hier aus kann man schöne Bootsausflüge bis zur Mündung bei Dartmouth bzw. Kingswear machen. Abfahrt ist am Steamer Quay (ca. 10 Minuten Fußweg vom Zentrum, Infos bei **Dartmouth River Boats,** 5 Lower Street, Dartmouth, TQ6 9AJ, Tel. 01803-555 872, www.dartmouthrailriver.co.uk).

DARTMOUTH 31 ★ UND KINGSWEAR E6

Die beiden malerischen Orte sind bilderbuchartig in die bewaldeten Abhänge beiderseits des Flusses Dart eingebettet. Der geschützte Hafen wird an der Südseite von der 1510 erbauten Festung **Dartmouth Castle** bewacht (TQ6 0JN, 10 Min. mit dem Boot ab Dartmouth, April bis Sept. 10–18 Uhr Okt.–Nov. bis 16 Uhr, danach nur Sa/So, £ 6,80).

Die **Altstadt von Dartmouth** birgt eine erstaunliche Anzahl an Boutiquen und Bistros entlang der engen Gassen und langgezogenen Treppen. Man kann dort auch die um 1640 entstandene Ladenarkade des »Butterwalk« bewundern. Darin befindet sich ein windschiefes Café und das **Dartmouth Museum,** das alte Seekarten und Schiffsmodelle ausstellt (April–Okt. So, Mo

Dartmouth Castle

13–16, Di–Sa 10–16, im Winter tgl. 13–16 Uhr, £ 2, www.dartmouthmuseum.org). In der **Bayard's Cove** legten die Pilgrim Fathers noch einmal an, bevor sie endgültig Segel setzten für die Neue Welt.

Die Kirche **St Saviour's** geht auf das 13. Jh. zurück, sehenswert sind die Südtür und der Lettner aus Eichenholz des 15. Jh.

Über der Ortschaft thront das 1905 erbaute **Britannia Royal Naval College,** wo Marineoffiziere ausgebildet werden (u. a. war auch Prinz Philip hier Student). Es ist eingeschränkt mit Führungen (2 Std.) zu besichtigen (College Way, TQ6 0HJ, Tel. 01803-677 565, nur nach Vorbuchung, www.britanniaassociation.org.uk/tours, £ 13).

Sehenswert ist auch **Coleton Fishacre** 5 km von Kingswear, ein Arts-and-Crafts-Haus mit luxuriöser Gartenanlage direkt am Meer (Brownstone Road, Kingswear, TQ6 0EQ, Ostern–Okt. tgl. 10.30 bis 17.30 Uhr, £ 11,60 www.nationaltrust.org.uk/coleton-fishacre).

5 km südwestlich von Dartmouth erstreckt sich der helle, gepflegte **Blackpool Sands,** einer der schönsten Strände der Insel mit dem Venus Beach Café und Wassersportmöglichkeiten (TQ6 0RG, www.blackpoolsands.co.uk).

INFO

Tourist Information Centre (TIC)

- The Engine House
  Mayor's Avenue
  Dartmouth | TQ6 9YY
  Tel. 01803-834 224
  www.discoverdartmouth.com

HOTEL

Royal Castle Hotel €€€

Am Hafen, mit dem beliebten Pub Harbour Bar. Gekonnter Mix von modern und antik. Das umweltfreundliche Konzept schätzt auch Prinz Charles.

- 11 The Quay | Dartmouth | TQ6 9PS
  Tel. 01803-833 033
  www.royalcastle.co.uk

RESTAURANTS

Rock Fish €

Die Strandhüttenatmosphäre passt zum frischen Fisch.

- 8 South Embankment
  Dartmouth | TQ6 9BH
  Tel. 01803-832 800
  www.therockfish.co.uk/restaurants/dartmouth

The Cherub Inn €–€€

Pub mit gepflegten Bieren im ältesten Gebäude des Ortes (1380 erbaut). In der Gaststube im ersten Stock wird gutes Essen serviert.

- 13 Higher Street
  Dartmouth | TQ6 9RB
  Tel. 01803-832 571
  www.the-cherub.co.uk

AUSFLÜGE AB DARTMOUTH

GREENWAY E6

Das 500 Jahre alte Anwesen in der Obhut des National Trust ist eine Pilgerstätte für Agatha-Christie-Fans. Die Krimiautorin genoss hier, im »loveliest place in the world« von 1938 bis 1959 mit ihrem zweiten Gatten Max Mallowan regelmäßig ihre Sommerferien. Außer dem Waldgarten können auch die Räume im Inneren mit all den Andenken von ihren vielen Reisen besichtigt werden. Im Shop stehen Memorabilia zum Verkauf.

INFO

- Greenway Road | Galmpton | TQ5 0ES
  Mitte Febr.–Okt. tgl. 10.30–17, Nov., Dez. Sa–So 11–16 Uhr, £ 11,60
- Am angenehmsten geht es mit dem Boot nach Greenway. (tgl. 10–17.30 Uhr, Fahrplan unter www.greenwayferry.co.uk). Der Aufstieg von der Anlegestelle zum Hause ist allerdings sehr steil.
- Wenn Sie mit dem Auto kommen, müssen Sie unbedingt einige Tage im Voraus einen Parkplatz buchen:
  Tel. 01803-842 382
  www.nationaltrust.org.uk/greenway

Der »Sea Tractor« bringt Besucher trockenen Fußes nach Burgh Island

BURGH ISLAND 32 D6

Das winzige **Bigbury-on-Sea** am Ende der B 3392 ist Ausgangspunkt eines kultivierten Abenteuers: 400 m vor der Küste liegt Burgh Island verheißungsvoll im Schlick. Bei Ebbe kann man zu Fuß zur Insel hinüberwandern (nachdem man sich über die Gezeiten informiert hat!) – ansonsten verkehrt ein »Sea Tractor«, der aussieht wie ein Leiterwagen auf Stelzen.

Die Hauptattraktion der Insel ist das noble **Burgh Island Hotel** (€€€, TQ7 4BG, Tel. 01548-810 514, www.burghisland.com). Das Gebäude wurde 1929 in reinstem Art-déco-Stil entworfen und prachtvoll restauriert. Agatha Christie kam oft hierher und soll im Hotel mehrere Romane geschrieben bzw. konzipiert haben. »Das Böse unter der Sonne oder Rätsel um Arlena« spielt auf der Insel. Andere prominente Gäste wie der Duke of Windsor und Mrs. Simpson sollen ebenfalls im Palm Court zu Tangoklängen Cocktails geschlürft haben. Wer sich in die 1920er- und 30er-Jahre zurückversetzen möchte, muss allerdings tief in die Tasche greifen. Es gibt nur Suiten, und beim Dinner ist schon um der Stilreinheit willen Abendgarderobe erwünscht.

EXETER 33 E5

Das Grafschaftszentrum von Devon (118 800 Einw.) ist Sitz der Regionalverwaltung und einer angesehenen Universität.

Exeters **Cathedral Church of St Mary and St Peter** ★ gehört zu den schönsten sakralen Bauten Südenglands. Von der normannischen Kirche (um 1110) einer frühchristlichen Abtei sind noch einzelne Elemente erhalten. Der heutige Bau (größtenteils 14. Jh.) ist berühmt für das kunstvolle gotische Gewölbe

Exeter Cathedral, ein grandioses Beispiel für die Baukunst der englischen Gotik

des Hauptschiffs. An der Decke zeigen manche Stellen, was viele bei der abgebrochenen Restaurierung in den 1970er-Jahren so erschreckt hat: Der helle Stein ohne Patina und die Ornamente und Schlusssteine in grellen Originalfarben passen so gar nicht in das würdevoll düstere Bild, das wir uns von gotischen Kirchen machen. Auch die kunstvoll gestickten Sitzkissen (Rondels) entlang der Seitenschiffe, die Minstrels Gallery, der geschnitzte Bischofsstuhl aus englischer Eiche (19 m hoch) und der lustigen Misericord eines Elefanten verdienen Beachtung. › mehr S. 16 Punkt 27 (Mo–Sa 9–17, So 11.30–17 Uhr, £ 7,50, www.exeter-cathedral.org.uk.)

Das verschönerte **Hafenviertel** bildet eine Hauptattraktion der Stadt. Über ihre Geschichte und ihre Verbindung zur Seefahrt informiert das **Custom House Visitor Centre** in einem Bau des 17. Jhs. (46 The Quay, EX2 4AN April–Okt. 10–17, sonst Sa/So 11–16 Uhr, Tel. 01392-271 611).

Auch die Innenstadt von Exeter kann sich wieder sehen lassen, seit der Nachkriegsbeton abgerissen wurde und das Shoppingcentre Princesshaye ein modernes Gesicht erhalten hat. Magdalen Road im Stadtteil St Leonards ist so etwas wie Exeters Essmeile voller Delis und günstiger Cafés und Restaurants.

INFO

Tourist Information Centre (TIC)

- Civic Centre | Dix's Field | Exeter EX1 1GF | Tel. 01392-665 700 www.visitexeter.com

HOTEL

St Olaves Court €€

Kleines Hotel in ruhiger georgianischer Stadtvilla mit Garten nahe der Kathedrale; erstklassiges Restaurant.

- Mary Arches St. | Exeter | EX4 3AZ Tel. 01392-217 736 www.olaves.co.uk

RESTAURANTS

The Conservatory €€

Intimes, lichtes Restaurant mit ausgezeichneter, französisch beeinflusster britischer Küche. Atmosphäre schafft die herrliche Tudor-Holzverkleidung.

- 18 North Street | Exeter | EX4 3QS Tel. 01392-273 858 www.theconservatoryrestaurant.co.uk Di–Sa 12–14 und 17.30–21 Uhr

Angela's Restaurant €–€€

In diesem versteckten kleinen Laden wird mit lokalen, frischen Zutaten gekocht.

- 38 New Bridge St. | Exeter | EX4 3AH Tel. 01392-499 038 www.angelasrestaurant.co.uk Mi–Sa 18.30–21.30 Uhr

Artigiano €

Die beliebte Espresso-Bar serviert leckere Salate und Sandwiches und verwandelt sich abends in ein trendiges Weinlokal.

- 248 High Street | Exeter | EX4 3PZ Tel. 01392-499169 www.artigiano.uk.com

PUBS

The White Hart €€

Urgemütliche Kneipe aus dem 14. Jh. mit 55 Zimmern um einen Hof.

- 66 South Street | Exeter | EX1 1EE Tel. 01392-279 897 www.whitwhartpubexeter.co.uk

Double Locks €–€€

Pub direkt am Kanal mit Biergarten und Spielplatz. Sa Livemusik

- Canal Banks | Exeter | EX2 6LT Tel. 01392-256 947 www.doublelocks.com

The Ship Inn €

Pub aus dem 16. Jh., in dem schon Sir Francis Drake ein- und ausging.

- 1–3 Martins Lane | Exeter EX1 1EY | Tel. 01392-272 040 www.greeneking-pubs.co.uk/pubs/devon/ship

AUSFLUG NACH POWDERHAM CASTLE E5

Südlich der Grafschaftshauptstadt liegt am Fluss Exe die Burg der Grafen von Devon, Powderham Castle. Sie ist seit 1000 Jahren im Besitz der Familie Courtenay. Die heutige Form erhielt der Bau im 14. Jh., ein Großteil der Einrichtung stammt aus dem 19. Jh., darunter die beeindruckende Küche. Rittersaal, Bibliothek, Musikzimmer und Marmorsaal sind die interessantesten Räume in der Burg, die mit Brüsseler Gobelins und Familienprotrâts dekoriert ist. Das imposante Anwesen war Drehort für viele Filme, u. a. für »Was vom Tage übrigblieb« mit Anthony Hopkins. Für Kinder gibt es auf dem weitläufigen Gelände drei Naturpfade zu entdecken, und im Deer Park kann man Rehe sehen (EX6 8JQ, April–Okt. So–Fr 11 bis 16.30 Uhr, außerdem verschiedene Samstage, £ 12,95, Tel. 01626-890 243, www.powderham.co.uk).

EXMOOR 34 ★ D/E4

Das Exmoor ist mit rund 700 km² zwar kleiner, dafür aber abwechslungsreicher als das Dartmoor › S. 83. Es gibt weite Buchten, steile Küsten, romantische Heidelandschaft und dazwischen Flüsse und Seen, Wald und Wiesen, durchzogen von 800 km Wanderstrecke. Einen fantastischen Rundblick über die unendlichen Weiten hat man vom höchsten Punkt auf 519 m, dem Dunkery Beacon. Auch im Exmoor leben wilde Ponys, übrigens die älteste einheimische Rasse. Man findet sie am ehesten auf den Anhöhen wie Winsford Hill, Porlock Hill oder Molland Moor. Vor allem aber ist das Exmoor ein Wild- und Jagdrevier mit dem einzigen frei lebenden Rotwild Englands. **Dulverton** gilt als guter Ausgangspunkt für Touren ins Landesinnere, z. B. zu den **Tarr Steps**, einer mittelalterlichen Brücke aus Steinkeilen.

Das hübsche **Winsford** mit einem Inn aus dem 12. Jh. eignet sich für die Erkundung des Ostens, während sich die Mitte und das Moor am besten von **Simonsbath** aus erschließen.

INFO

National Park Centre

Auskünfte zu Wanderwegen wie dem Coleridge Way, dem Two Moors Way oder dem Tarka Trail und zu geführten Wanderungen. Aktivitäten finden Sie unter www.exmooradventures.co.uk.

- 7–9 Fore Street | Dulverton | TA22 9EX
  Tel. 01398-323 841
  www.exmoor-nationalpark.gov.uk
  www.visit-exmoor.co.uk

DUNSTER 35 E4

An manchen Sommertagen ist das Dorf am nordöstlichen Rand des Exmoors so überlaufen, dass die Hauptstraße am Eingang gesperrt wird. Der Andrang gilt der malerischen **High Street** mit ihrem Marktkreuz *(buttercross)*, dem Yarn Market, den vielen Tea Shops und der dahinter aufragenden **Burg.** Diese stammt aus normannischer Zeit, wurde aber im 19. Jh. romantisierend restauriert. Im subtropischen Garten steht neben Erdbeerbäumen der älteste Zitronenbaum des Landes (Mitte März–Sept. tgl. 11–17 Uhr, £ 9,30).

INFO

Dunster National Park Centre

- Dunster Steep | Dunster | TA24 6SE
  Tel. 01643-821 835
  www.discoverdunster.info

HOTEL

Dunster Mill House B&B €€

Komfortables Gästehaus an der alten Wassermühle beim Fluss Avill.

- Mill Lane | Dunster | TA24 6SW
  Tel. 01643-821 784 o. 07776-298 700
  www.dunstermillhouse.co.uk

RESTAURANTS

Reeves Restaurant €€

Sehr gemütliche Atmosphäre, exzellentes Essen mit französischem Einfluss und den besten Zutaten der Region. Lunch So, Dinner Di–Sa.

- 20–22 High Street
  Dunster | TA24 6SG
  Tel. 01643-821 414
  www.reevesrestaurantdunster.co.uk

Locks Victorian Tea Rooms €–€€

Durch einen Klamottenladen hindurch gelangt man in einen hübsch bepflanzten Innenhof und diesen versteckten Tea Room. Es gibt Lunch oder Süßes wie Cream Tea.

- 18c High Street | Dunster | TA24 6SG
  Tel. 01643-822 001

LYNTON UND LYNMOUTH 36 E4

Von **Lynton** hoch auf den Klippen verkehrt eine Art hydraulischer Bergbahn, eine sogenannte Wasserballastbahn, hinab zum Hafen von **Lynmouth:** Die beiden Wagen laufen auf Schienen, wobei Wassertanks für den Gewichtsausgleich zwischen dem aufsteigenden und dem absinkenden Wagen sorgen.

Die viktorianischen Cottages von Lynmouth wurden großteils neu- bzw. nachgebaut, nachdem 1952 ein Hochwasser der Flüsse East Lyn und West Lyn 98 Häuser fortspülte, und 34 Menschen umkamen.

Zum **Valley of the Rocks** (Tal der Felsen) geht es von Lynton aus durch das Tor des abgezäunten Geländes (ausgeschildert) die Küste entlang. Man trifft auf freilaufende Ziegen und blickt auf die lila blühende Heide an den Hängen, das türkisfarben tosende Meer und bizarre Steinformationen.

Auch zur **Schlucht von Watersmeet** führt eine schöne Wanderung (1,5 Meilen von Lynmouth), für die man sich im National Trust Tea Shop in einer ehemaligen Fischerlodge belohnen darf.

Am River Lyn entlang führt der Weg von Lynmouth zum Watersmeet House

INFO

Tourist Information Centre (TIC)

- Lynton Town Hall | Lee Road
  Lynton | EX35 6BT
  Tel. 01598-752 225
  www.visitlyntonandlynmouth.com

HOTEL/RESTAURANT

The Rising Sun €€€
Gehobener Pub in einem der verschonten Gebäude (14. Jh.) am Hafen. Köstliche Mahlzeiten. Gästezimmer in den angrenzenden strohgedeckten Cottages. Der Dichter P. B. Shelley verbrachte hier seine Hochzeitsnacht.

- Harbourside | Lynmouth | EX35 6EG
  Tel. 01598-753 223
  www.risingsunlynmouth.co.uk

ILFRACOMBE 37 D4

Das bis heute von viktorianischer Freizeitarchitektur bestimmte Seebad Ilfracombe ist das größte Touristenzentrum an diesem Küstenabschnitt. Auf einem Felsen thront die kleine Kapelle St Nicholas, die die Seefahrer seit dem Mittelalter sicher in den hübschen Hafen leitet. Die Tunnel Beaches begeistern Wassersportler und Badefreunde.

Die Hafeneinfahrt schmückt seit 2012 die 20 m hohe Monumentalskulptur »Verity« des Künstlers Damien Hirst. Die umstrittene Bronzefigur zeigt eine schwangere Frau, deren Organe, Gebärmutter und Fötus sichtbar sind.

INFO

Tourist Information Centre (TIC)

- Landmark Theatre
  The Promenade
  Ilfracombe | EX34 9BZ
  Tel. 01271-863 001
  www.visitilfracombe.co.uk

HOTEL

Trimstone Manor Country House Hotel €€
Der Landsitz aus dem 17. Jh. liegt in einem schönen Park und besitzt Swimmingpool und Tennisplätze.

- Trimstone | Westdown
  nahe Woolacombe | EX34 8NR
  Tel. 01271-862 841
  www.trimstone.co.uk

RESTAURANTS

The Antidote €€
Intimes Restaurant nahe des Hafens mit kreativer Speisekarte und gut sortierter Weinbar. Auch Zimmer werden vermietet. Mo Ruhetag, So nur in der Saison geöffnet.

- 20 St James Place | Ilfracombe
  EX34 9BJ | Tel. 01271-865 339
  www.theantidoteilfracombe.co.uk

Take Thyme €€
Das Fischrestaurant in der Nähe des Hafens zählt zu den besten des Ortes. Frischer Fang, das Brot wird selbst gebacken.

- 1 Fore Street
  Ilfracombe | EX34 9ED
  Tel. 01271-867 622
  www.takethymeilfracombe.com

WOOLACOMBE UND CROYDE D4

Die Bucht des Ferienortes **Woolacombe** 38 nennt sich Golden Coast, da sie den längsten Sandstrand Devons besitzt. Es gibt einen wunderbaren Wanderweg zum **Morte**

Point, von wo man den besten Blick über die Küste bis nach **Lundy Island** hat.

Am südlichen Ende der Bucht liegen die reetgedeckten Katen von **Croyde,** dessen Strand als örtliches Surferparadies regen Zulauf findet.

INFO

Woolacombe TIC

- The Esplanade | Woolacombe EX34 7DL | Tel. 01271-870 553 www.woolacombetourism.co.uk

LUNDY ISLAND C4

Von Ilfracombe oder Bideford aus kann man mit der »MS Oldenburg« von März bis Okt. zur 37 km nordwestlich gelegenen alten Pirateninsel hinüberschippern (Abfahrtszeiten im Lundy Shore Office in Bideford erfragen, › unten). Wenn man mit dem kleinen Boot von der Oldenburg an Land gebracht worden ist, kann man zunächst in der »Marisco Tavern« einkehren.

Die Unterkunftsmöglichkeiten auf Lundy Island sind begrenzt, aber der Zeltplatz im Süden ist wunderschön gelegen und gut ausgestattet – nur warme Sachen sollte man nicht vergessen (Nov.–März per Hubschrauber, Info/Anmeldung beim Landmark Trust › S. 31)! Mit etwas Glück kann man brütende Papageitaucher sehen.

INFO

Lundy Shore Office

- The Quay | Bideford | EX39 2LY Tel. 01237-470 074 www.landmarktrust.org.uk/lundyisland

The Lundy Booking Office

- The Pier Ilfracombe | EX34 9EQ Tel. 01271-863 636 geöffnet April–Okt.

CLOVELLY 39 ★ D4

Dies ist das Bilderbuchdorf der Küste schlechthin: die herrliche Lage zwischen bewaldeten Klippen und das pittoreske Ortsbild mit geweißten Cottages verleihen ihm seinen großen Charme. Hier unternimmt man alles, um vom Tourismus zu profitieren: Besucher müssen oberhalb des Ortes ihr Auto auf dem großen Parkplatz abstellen, an dem auch Eintritt für das Dorf erhoben wird. Clovelly ist jedoch die Kosten und Mühe wert.

Der kopfsteingepflasterte Abstieg zum Hafen ist so steil, dass die Einheimischen ihre Güter des täglichen Bedarf auf selbstgebastelten Schlitten transportieren. Für Laufschwache fährt ein Landrover-Service vom Parkplatz um den Ort herum hinunter zum Hafen. Wer läuft, kann unterwegs im **Tea Room** eine Pause einlegen und sollte auch im **Fisherman's Cottage** reinschauen.

HOTEL/RESTAURANT

Red Lion Hotel €€–€€€

Genießen Sie mit Blick auf den Hafen Cream Tea oder abends gefüllten Räucherlachs. Auch 11 schöne helle Zimmer.

- The Quay Clovelly | EX39 5TF Tel. 01237-431 237 www.clovelly.co.uk/staying-clovelly/the-red-lion-hotel

IMMER DIE KÜSTE ENTLANG

Auf dem South West Coast Path nahe Tintagel

In tiefer Nacht landen die Beiboote eines Seglers ihre Fracht am Strand von Groynes an. Sie scheinen nichts als dicke Taue zu entladen, aber die Küstenwache, die auf den Klippen lauert, kennt alle Tricks. Die Männer nehmen die Schmuggler fest und rebeln die Taue auf, deren Fasern sich als Tabakblätter erweisen.

Dank eines eigens angelegten Systems von Pfaden konnten die Küstenwachen des frühen 19. Jhs. die Strände und Buchten kontrollieren. Dass der Wanderweg South West Coast Path, der aus Patrouillenpfaden der Küstenwache entstand, wo immer möglich hoch über den Stränden entlangführt und wunderbare Ausblicke bietet, hat mit dieser Vorgeschichte zu tun.

Wer Teile des Coast Path oder gar die gesamten 1014 km von Minehead am Bristol Channel bis Seaton nahe Bournemouth erwandern will, braucht Kondition und etwa acht Wochen für die gesamte Strecke. Manche Teilstücke sind anspruchsvoll, und es gibt 27 000 Höhenmeter zu überwinden.

INFORMATIONEN

Handliche Wanderführer mit guten Karten sind die vier Bände der **National Trail Guides:** South West Coast Path – Minehead to Padstow, Padstow to Falmouth, Falmouth to Exmouth, Exmouth to Poole (Aurum Press, London, Mai 2016, £ 14,99).

Ausführliche Informationen liefert die **South West Coast Path**

Association (www.southwestcoastpath.org.uk). Ihr jährlich aktualisiertes Handbuch über den Weg enthält Wegbeschreibungen, Fahrpläne öffentlicher Verkehrsmittel, Gezeitentabellen und Unterkunftsadressen.

BESONDERS SPEKTAKULÄRE ABSCHNITTE

- **Am wilden Atlantik**: Auf 100 km (ca. 4 Tage) an der kornischen Nordküste zwischen Bude und Newquay bestimmen Wind und Wogen die Szenerie. Südlich der Strände von Widemouth Bay imponieren die Folded Rocks, dann werden Boscastle und Tintagel erreicht. Nach Port Isaac werden Padstow Bay und Trevose Head/ Constantine Bay umwandert.
- **Die Granitküste**: Von St Ives kann man über 63 km in ca. 3 Tagen über die schroffen Klippen des äußersten Südwestens bis Penzance wandern. Die Strecke zwischen Pendeen Watch, Cape Cornwall, Sennen Cove, Land's End, Porthcurno und Mousehole begeistert Felskletterer ebenso wie Fotografen.

KÜRZERE WANDERUNGEN

- **Land's End nach Sennen Cove:** 1,6 km auf dem South West Coast Path, kaum steil, auf der Strecke sieht man das Wrack des Frachters Mühlheim. Beim alten Aussichtshäuschen hält oft ein Mitarbeiter des National Trust Ausschau nach Delfinen, Riesenhaien und Seevögeln.
- **Lizard Point nach Kynance Cove:** Knappe 5 km, fantastische Küstenausblicke, ein Traumstrand (Pentreath Beach) und eine herrliche Bucht mit Café als Belohnung. Das Inselchen heißt übrigens Aspargus Island. Lustige Namen sind auch Ladies' Bathing Pool oder Devil's Letterbox. Hier gibt es die äußerst seltene Cornish Heath, kornische Heide.
- **Mount Edgcumbe (Cremyll Ferry) nach Kingsand:** Etwa 6 km führt dieser Spaziergang durch die formalen Gärten des Countryparks, vorbei an einer Turmruine, the Folley, mit Blick auf Drake's Island und den Plymouth Sound. Es gibt unterwegs einige Anstiege bzw. Treppen und Stufen.

SCHLAFEN & ESSEN

- **Old Coastguard Hotel €€–€€€ B6**
Höchst angenehme Übernachtungen; 20 Zi., meist mit Meerblick (Mousehole, TR19 6PR, Tel. 01736-731 222, www.oldcoastguardhotel.co.uk).
- **Port William €€ C5**
Ein Pub mit großartiger Lage am Meer, 6 Zimmern und gutem Essen (Trebarwith Strand bei Tintagel, PL34 0HB, Tel. 01840-770 230, www.theportwilliam.co.uk).
- **Gurnards Head €€–€€€ B6**
Hotel mit 7 Zimmern, Pub, Restaurant und Garten mit Atlantikblick (nahe Zennor an der Küstenstraße nach St Ives, TR26 3DE, Tel. 01736-796 928, www.gurnardshead.co.uk).
- **Bush Inn €€ C4**
Dieser Pub, einer der ältesten des Landes, wurde 950 als sächsisches Kirchlein gebaut (Morwenstow, zwischen Bude und Hartland, EX23 9SR, Tel. 01288-331 242, www.thebushinnmorwenstow.com).

SÜDENGLANDS MITTE

Ländliches Idyll mit Schafen auf der Isle of Wight

Kathedralen in Winchester, Salisbury und Wells, Steinkreise in Stonehenge und Avebury, stilvolle Eleganz in Bath, Naturlandschaften auf der Isle of Wight und an Dorsets Küste – in Südenglands Mitte herrscht große Vielfalt.

Die Mitte Südenglands fasziniert durch ihre Verbindung von Landschaft und Kultur, von Küste und Hinterland. Die Isle of Wight, vom Festland getrennt durch den Wasserarm des Solent, ist ein England im Kleinen und der Inbegriff für gutbürgerliche Beschaulichkeit.

Nordwestlich von Wight erstrecken sich die Laubwälder und Moorheiden des New Forest: So muss man sich England im Mittelalter vorstellen, ehe der unersättliche Holzbedarf für Kahlschlag sorgte.

Der Steinkreis von Stonehenge in der Salisbury-Ebene erlebt mit seinem modernen Besucherzentrum großen Besucherandrang. Wer Kathedralen mag, hat reiche Auswahl: Winchester, Salisbury, Wells und die Bischofskirche von Bristol haben alle ihre Reize.

Unweit von Bristol, im Nordwesten der Region, liegt auch jener Ort, der Südenglands Freuden so richtig offenbart: In Bath mischt sich Bewunderung für die klassische Architektur mit der Begeisterung über die römischen Bäder. Ins Schwärmen gerät man auch an Dorsets Küste, die 180 Millionen Jahre Erdgeschichte bloßlegt und beeindruckende Felsformationen wie Durdle Door hervorgebracht hat.

TOUREN IN DER REGION

TOUR 5

DIE HIGHLIGHTS IM LANDESINNEREN

ROUTE: Bristol > Bath > Longleat > Stourhead > Glastonbury > Wells > Cheddar > Bristol

KARTE: Seite 102

DAUER: 3 Tage

PRAKTISCHER HINWEIS:

- Es gibt ein Kombi-Ticket für Longleat und die Cheddar-Höhlen, das für zwei Tage innerhalb eines Jahres gültig ist. Onlinepreis: £ 45,80.

TOUR-START:

Die Hafenstadt **Bristol** 1 > S. 105 ist Ausgangspunkt für eine Reise in die Vergangenheit der oberen Zehntausend. Den ganzen Vormittag verbringen Sie im Kurort **Bath** 2 › S. 109, einer wunderschönen eleganten Kleinstadt mit säulenverzierten Häuserreihen und römischen Bädern, in deren Heilwasser schon die Legionäre ihre müden Knochen hielten. Entlang des Limpley Stoke Valley führt der Weg dann nach **Longleat** 3 › S. 111, wo die Familie Thynne ihren herrschaftlichen elisabethanischen Landsitz nicht nur mit einem Safaripark, sondern auch mit moderner Kunst des Hausherrn versehen hat.

Sie übernachten in **Stourhead** 4 › S. 111 und beginnen den Tag entspannt mit einem gemütlichen Spaziergang um den künstlichen See. Eher mystisch geht es weiter beim Besuch der Ruine von **Glastonbury**

TOUREN IN SÜDENGLANDS MITTE

TOUR 5

DIE HIGHLIGHTS IM LANDESINNEREN

Bristol › Bath › Longleat › Stourhead › Glastonbury › Wells › Cheddar › Bristol

Abbey 7 > S. 113 zu Füßen von Glastonbury Tor. Joseph von Arimathäa (der Jesus vom Kreuz abnahm) soll die Abtei im ersten Jahrhundert gegründet und König Artus seine Grablege hier gefunden haben. Von hier ist es nur ein Katzensprung ins mittelalterliche **Wells** 5 > S. 112 mit seiner verspielten, lichten Kathedrale, wo Sie über Nacht bleiben.

Nach einem ausgedehnten Stadtbummel am Morgen erwartet Sie ein Naturspektakel – die Fahrt durch die 5 km lange Schlucht von **Cheddar** 6 > S. 113: Nach einem Besuch der Tropfsteinhöhlen und der Schaukäserei geht es durch die reizvolle Hügelkette der Mendips zurück nach **Bristol**, dessen Besichtigung den Rest des Tages einnimmt.

TOUR 6

INSELN, KÜSTE UND KULTUR

Winchester › Portsmouth › Isle of Wight › Osborne House › West Cowes › Carisbrooke Castle › Südküste › Yarmouth › New Forest › Lymington › Beaulieu › Lyndhurst › Bournemouth › Corfe Castle › Durdle Door › Shaftesbury › Salisbury › Stonehenge › Avebury › Winchester

TOUR 6

INSELN, KÜSTE UND KULTUR

ROUTE: Winchester › Portsmouth › Isle of Wight › Osborne House › West Cowes › Carisbrooke Castle › Südküste › Yarmouth › New Forest › Lymington › Beaulieu › Lyndhurst › Bournemouth › Corfe Castle › Durdle Door › Shaftesbury › Salisbury › Stonehenge › Avebury › Winchester

KARTE: Seite 102
DAUER: 5 Tage
PRAKTISCHE HINWEISE:

- Auf beiden Fährstrecken zur Isle of Wight gibt es täglich zahlreiche Verbindungen.
- Die Kettenfähre von Bournemouth/Poole auf die Halbinsel Purbeck verkehrt tgl. 7–23 Uhr alle 20 Min. (www.sandbanksferry.co.uk).

TOUR-START:

Von der Kathedralenstadt **Winchester** 23 › S. 128, in der die Schriftstellerin Jane Austen begraben liegt, fahren Sie etwa eine Stunde nach **Portsmouth** 19 › S. 122, wo sich ein ein Besuch der historischen Schiffe lohnt. Anschließend bringt Sie die Fähre in ebenfalls etwa einer Stunde nach Fishbourne auf die **Isle of Wight** 22 › S. 124. Von hier sind es nur 8 km bis zu Königin Victorias Sommerresidenz **Osborne House** › S. 124. Nach dem Besuch dieser Villa im italienischen Stil bietet sich ein gemütlicher Bummel durch **West Cowes** › S. 125 am Fluss Medina an. Über das kleine **Newport,** den Hauptort der Insel, führt die Tour nun nach **Carisbrooke Castle** › S. 126, einer eindrucksvollen Burg aus normannischer Zeit.

Auf Nebenstraßen geht es dann Richtung Südküste, wo eine serpentinenartige Straße die kleinen, sonnenverwöhnten Seebäder **Sandown, Shanklin** und **Ventnor** › S. 126 miteinander verbindet. Hier sollten Sie irgendwo übernachten, um am nächsten Morgen – je nach Wetter – entweder ein bisschen Wassersport zu betreiben oder sich nur etwas Seeluft um die Nase wehen zu lassen. Eine traumhaft schöne Fahrt an der Küste entlang führt dann zur berühmten Felsformation der **Needles** › S. 127, die Sie erwandern können.

Sie übernachten noch einmal auf der Insel im entzückenden **Yarmouth** › S. 127, von wo Sie am folgenden Morgen mit der Fähre nach **Lymington** 18 › S. 122 im **New Forest Nationalpark** › S. 121 übersetzen. Nach einem Bummel durch das Segler-Städtchen wartet das wunderschöne **Beaulieu** 17 › S. 122, ein ehemaliges Abteigelände mit dem National Motor Museum. Von dort erreichen Sie den Hauptort des New Forest, das hübsche **Lyndhurst** 16 › S. 121, wo Sie sich Zeit für einen ausgiebigen Spaziergang oder Ausritt bzw. eine Radtour nehmen sollten, bevor Sie schließlich den Badeort **Bournemouth** 12 › S. 118 mit seinem 7 km langen Sandstrand ansteuern. Richtung Westen fahren Sie am nächsten Tag durch **Poole** an den Traumstrand von **Sandbanks,** wo die Fähre zur Halbinsel **Purbeck** › S. 119 übersetzt. Auf der anderen Seite ist bald **Corfe Castle** 13 › S. 119 erreicht, eine imposante Burgruine, die in einem hübschen, von Steinkaten gesäumten Ort hoch auf einem Hügel liegt. Weiter geht es zu einem der wunderbarsten Küstenabschnitte der Grafschaft Dorset, der Teil der sog. Jurassic Coast ist. Von **Lulworth Cove** G5 ist es eine steile Wanderung zur Felsformation von **Durdle Door** 14 › S. 120.

Schließlich verlassen Sie die Küste in Richtung **Shaftesbury** 8 › S. 114 – die kopfsteingepflasterte Gasse Gold Hill taucht oft in englischen Werbebroschüren auf. Nach dem Frühstück geht es weiter in die mittelalterliche Kathedralenstadt **Salisbury** 9 › S. 114, die viele zu den schönsten Städtchen Englands zählen. Lassen Sie sich hier Zeit bis nach dem Mittagessen; **Stonehenge** 10 › S. 116, der berühmteste Steinzeitkreis des Landes, ist nur 20 Minuten mit dem Auto entfernt. Viel romantischer und größer ist allerdings weiter nördlich die Anlage von **Avebury** 11 › S. 116, inmitten eines malerischen Dorfes am nördlichen Rand der Salisbury Plains gelegen. Von dort geht es durch einige hübsche Ortschaften Wiltshires zurück in die Bischofsstadt **Winchester** 23 › S. 128, wo Sie den Tag ausklingen lassen.

UNTERWEGS IN DER REGION

BRISTOL 1 ★ F/G3

Die Großstadt (451 000 Einw.) lebt von Handel, Industrie und Dienstleistungen und hat zwei renommierte Universitäten. Vom 15. bis zum 18. Jh. war Bristol Englands zweitwichtigste Stadt – und nahm damit leider eine ebenso zentrale Rolle im unrühmlichen Sklavenhandel ein, der das Leben der Aristokratie in der als »Georgian« bekannten Epoche (1714–1830) direkt oder indirekt finanzierte.

Im 19. Jh. galt Bristol als führende Stadt für Schiffs- und Metallbau: Der berühmteste englische Ingenieur jener Zeit, Isambard K. Brunel (1806–1859), war lange in Bristol tätig und konstruierte u. a. die Clifton Suspension Bridge › S. 106. Heute sind Flugzeugbau und Mikroelektronik wichtige Sparten. Teile der Concorde wurden hier gebaut, die nun im **Aerospace Museum** ausgestellt ist (Hayes Way, tgl. 10 bis 17 Uhr, £ 15, Tel. 01179-315 315, www.aerospacebristol.org).

Der erneuerte **Floating Harbour** erinnert an die Hamburger Speicherstadt und ist mit einer Fähre vom zentralen Hafenbecken St Augustine's Reach zu erkunden.

Der Geschichte der Seefahrt widmet sich das **SS Great Britain Maritime Heritage Centre** (April bis

Okt. tgl. 10–18, sonst bis 16.30 Uhr, Eintritt £ 16,50, Familienticket £ 45, www.ssgreatbritain.org). Auch Brunels Schraubendampfer selbst zu besichtigen, der 1843 im selben Trockendock gebaut wurde. Mehr über den Ingenieur erfährt man im **Being Brunel Museum** nebenan.

Unweit davon befindet sich in einem Hafenlagerhaus aus den 1950er-Jahren das Museum **M-Shed** (Princes Wharf, BS1 4RN, Di–So 10–17, Eintritt frei, www.bristolmuseums.org.uk/m-shed). Es zeigt auf drei Galerien interaktive Exponate, die sich mit den Menschen, der Stadt sowie den vielfältigen Lebenserfahrungen dort beschäftigen. Schwerpunkte sind die Industrie- und Unterhaltungsgeschichte Bristols, aber auch die Rolle der Stadt im transatlantischen Sklavenhandel. Davor vertäut liegt die »Matthew«, eine Kopie jenes Schiffs, mit dem John Cabot 1497 Neufundland entdeckte (www.matthew.co.uk).

Britische Schiffe luden Tuche und Eisenwaren, die in Westafrika gegen Sklaven eingetauscht wurden. Diese Fracht ging in die amerikanischen und karibischen Kolonien, wo man Zucker und Tabak an Bord nahm, der in England weiterverarbeitet und als Luxusartikel nach Kontinentaleuropa verkauft wurde.

Über die Prince-Street-Brücke gelangt man zum Narrow Quay und zum **Arnolfini Centre,** einem Ausstellungs- und Veranstaltungszentrum für Gegenwartskunst (www.arnolfini.org.uk, Mo geschl.).

Über die Straße The Grove und die Redcliffe-Brücke kommt man zu einer der wohl größten und schönsten Stadtkirchen Englands: **St Mary Redcliffe,** im Wesentlichen 1325–1375 im spätgotischen Stil *(Perpendicular)* errichtet (www.stmaryredcliffe.co.uk).

Sehenswert ist auch Isambard Brunels Bahnhofshalle neben dem modernen Bahnhof Temple Meads.

So etwas wie eine Altstadt findet man in der kurzen **King Street,** wo man im Pub **Llandoger Trow** einkehren sollte (angeblich das Vorbild für Long John Silvers Kneipe »The Spy Glass« aus Robert Louis Stevensons »Schatzinsel«), und rund um die ehemalige Getreidebörse **Corn Exchange,** die heute den **St Nicholas Market** mit Flohmarkt und Essensständen beherbergt (BS1 1JQ, Mo–Sa 9.30–17 Uhr, www.bristol.gov.uk/web/st-nicholas-markets.

Am College Green ragt gegenüber der City Hall aus Backstein unübersehbar die schmuckvolle **Bristol Cathedral** auf. Mit dem Bau der Kirche wurde 1140 begonnen. Der größte Teil des heutigen Gebäudes entstand in der ersten Hälfte des 14. Jhs., doch alle Elemente verbinden sich zu einem harmonischen, eindrucksvollen Ganzen. Interessante Läden und Restaurants säumen die Park Street, die hügelauf der Universität im Stadtteil **Clifton** zustrebt.

In diesem eleganten Vorort wurden zahlreiche eindrucksvolle Häuserreihen im Regency-Stil des frühen 19. Jhs. erbaut. Und natürlich gilt es, hier Brunels gewagte Hängebrückenkonstruktion, die **Clifton Suspension Bridge** ★, zu besichtigen, über deren Geschichte ein

Besucherzentrum informiert (www.cliftonbridge.org.uk).

INFO

Tourist Information Centre (TIC)

- Harbourside | E-Shed
  1 Canons Rd. | Bristol | BS1 5TX
  Tel. 0906-711 2191 (50 p/Min.!), aus dem Ausland 0044-333 321 0101
  www.visitbristol.co.uk
  Führungen März–Nov. Sa 11 Uhr
  Veranstaltungstipps für Bristol: www.bristol247.com.

HOTELS

Brooks Guesthouse Bristol €€

23 ultramoderne Zimmer in der Altstadt, Fußbodenheizung im Bad. Parken £ 12/Tag.

- St Nicholas Street | Bristol | BS1 1UB
  Tel. 0117-930 00 66
  www.brooksguesthousebristol.com

Fullers @ 9 Prince's Building €€

Vier riesige Räume in georgianischem Wohnhaus nahe der Suspension Bridge.

- 9 Prince's Building
  Clifton | BS8 4LB
  Tel. 0117-973 4615
  www.9princesbuildings.co.uk

Premier Inn Finzel's Reach €

Erst Ende 2017 eröffnet, bietet dieses Hotel 168 ruhige Zimmer in der Innenstadt, in die man über eine neue Fußgängerbrücke gelangt. Solide Qualität für wenig Geld.

- Finzel's Reach | Counterslip
  Bristol | BS1 6BX
  Tel. 0871-527 8000 (£ 0,13/Min.)
  www.premierinn.de, dann »Finzels Reach« in die Suchmaske eingeben

RESTAURANTS

Adelina Yard €–€€

Die Küche ist frisch und europäisch, das Brot selbst gebacken, das Fleisch im Hause gepökelt, die Stimmung entspannt.

- 3 Queen Quay, Welsh Back
  Bristol | BS1 4SL
  Tel. 0117-911 2112
  www.adelinayard.com

214 m weit überspannt die Clifton Suspension Bridge die 75 m tiefe Schlucht des Avon

Princes Wharf im Floating Harbour, Bristol

The Lido €€

Stilvoll und romantisch dinieren im Restaurant mit Poolside Bar.

- Oakfield Place | Clifton | BS8 2BJ
  Tel. 0117-933 9530
  www.lidobristol.com

Box E €€

In Whapping Wharf hinter dem Museum M-Shed entstand ein Gastro-Dorf in Schiffscontainern. Nur 14 Plätze hat die Box E, wo Elliott und Tessa Lidstone auf hohem Niveau modern britisch mit französischem Einschlag kochen. Drei Hauptgerichte zur Auswahl.

- Unit 10, Cargo 1 | Whapping Wharf
  Bristol | BS1 6EP
  www.boxebristol.com
  Lunch Mi–Sa 12–14.30, Dinner Di–Sa 17.30 bis 21.30 Uhr

NIGHTLIFE

The Old Duke

Hier spielen seit 50 Jahren jeden Abend (und So mittags) Jazz- oder Bluesbands.
45 King Street| Bristol | BS1 4ER
Tel. 0117-401 9661 | www.theoldduke.co.uk

Her Majesty's Secret Service

Die »HMSS Bar« liegt versteckt hinter dem Clifton Down Shopping Centre und würde Sir Winston Churchill gefallen.

- Whiteladies Gate, Whiteladies Road
  Bristol | BS8 2PH | Tel. 07808-227 662
  www.hmssbristol.com
  Mo–Do und So 16.30–24, Fr, Sa bis 1 Uhr

BATH 2 7 G3

Schon die Römer legten in der geschützten Biegung des Flusses Avon eine Siedlung an und nannten sie Aquae Sulis. Um die heißen Quellen bauten sie ihre Badeanlagen; weite Teile der römischen Siedlung liegen unter dem Stadtzentrum begraben.

Das **Roman Baths Museum** gestattet einen Blick auf die Ausgrabungen einer Tempelanlage und die besterhaltenen römischen Badeanlagen nördlich der Alpen (März bis Juni und Sept./Okt. tgl. 9–17, Juli, Aug. 9–21, Nov.–Febr. 9.30–17 Uhr, £ 16,50, Juli/Aug. £ 17,50, Familien £ 48, www.romanbaths.co.uk).

Das Zentrum des historischen Stadtkerns bildet Abbey Churchyard, der gepflasterte Vorplatz der Abteikirche **Bath Abbey**, die ab 1499 auf den Fundamenten einer älteren Kirche aus dem 10. Jh. errichtet wurde. Die heißen Quellen waren stets ein Anziehungspunkt für Kranke geblieben, aber als Richard »Beau« Nash im Jahr 1704 zum Zeremonienmeister der Stadt ernannt wurde, begann ihre wahrhaft große Zeit als Kurort.

Viel vom alten Flair erlebt man noch im klassizistischen **Pump Room** auf der Südwestseite des Platzes – dem ehemaligen Kurhaus, in dem ein Restaurant zum stilvollen Afternoon Tea mit Musik einlädt.

In unmittelbarer Nachbarschaft kann auch heute wieder in den einzigen heißen Quellen Großbritanniens gebadet werden: in der modernen Wellnessoase **Thermae Bath Spa** (tgl. 9–21.30 Uhr, Eintritt ab £ 36, Sa, So £ 40, www.thermaebathspa.com).

Die Stadt verdankt ihr heutiges Gesamtbild (UNESCO-Welterbe) zum großen Teil einer Familie: John Wood Vater und Sohn. Sie gestalteten über einen Zeitraum von 50 Jahren die meisten der berühmten Straßenzüge, wie den **Circus** im Nordteil der Stadt. Östlich des Circus errichtete der jüngere Wood die **Assembly Rooms,** ehedem Wandelhalle und Ballsaal für Kurgäste (Eintritt £ 2). Eine Etage tiefer im selben Gebäude zeigt das **Fashion Museum** Kleidung vom 16. Jh. bis heute (tgl. März–Okt. 10.30–17, sonst bis 16 Uhr, £ 9, Kombiticket mit Roman Baths £ 22,50, www.fashionmuseum.co.uk).

Im Westen führt die Brock Street zum Höhepunkt klassizistischer Architektur: dem **Royal Crescent,** einem Meisterwerk von John Wood d. J. Hinter der durchgehenden bogenförmigen Säulenfassade verbergen sich 30 getrennte Häuser. Das Eckhaus **No. 1 Royal Crescent** dient als Museum (tgl. 10–17 Uhr, Dez., Jan. geschl., £ 10,30, www.no1royalcrescent.org.uk). Im Westen schließt sich der **Royal Victoria Park** mit einem botanischen Garten an.

Elegant ist auch die um 1770 erbaute **Pulteney Bridge** über den Fluss Avon. Ladenzeilen säumen die Brücke, die auf die schöne Allee der Great Pulteney Street führt. An deren Ende erhebt sich am Eingang zu den Sydney Gardens das wunderbare **Holburne-Kunstmuseum** (Mo bis Sa 10–17, So ab 11 Uhr, Eintritt frei, www.holburne.org).

Landschaftsgarten in Stourhead, im Hintergrund das Pantheon

INFO

Bath Visitor Information and Gift Shop

- Bridgwater House | 2 Terrace Walk Bath | BA1 1LN | Tel. 01225-614 420 www.visitbath.co.uk
  Am Pump Room starten zweistündige Stadtrundgänge (Mai–Sept. Di, Do 11 Uhr). Abends auch Ghost Walks und Pubcrawls.

HOTEL

Harington's City Hotel €€

Versteckt in einer kleinen Kopfsteingasse erstreckt sich diese charmante Unterkunft über drei klassizistische Häuser. Kleine Lounge mit Bar, Whirlpool im Hof.

- 8–10 Queen Street | Bath | BA1 1HE Tel. 01225-461 728 www.haringtonshotel.co.uk

In den Semesterferien kann man auf dem Campus der **Bath University** schlicht, aber günstig wohnen. Anmeldung: www.bathsummeraccommodation.co.uk.

RESTAURANTS

The Circus €€

Schickes kleines Bistro-Restaurant auf zwei Etagen; frische englische Küche.

- 34 Brock Street | Bath | BA1 2LN Tel. 01225-466020 www.the circusrestaurant.co.uk

The Marlborough Tavern €€

Um die Ecke vom Royal Crescent wird ausgezeichnetes Pub Food serviert. Eine Oase der Ruhe ist der kleine Garten.

- 35 Marlborough Buildings Bath | BA1 2LY | Tel. 01225-423 731 www.marlborough-tavern.com

The Scallop Shell €

Hier gibt es nicht nur ultraleckere Fish & Chips, sondern gegrilltes und gebackenes Seafood aller Art.

- 22 Monmouth Place | Bath | BA1 2AY Tel. 01225-420 928 www.thescallopshell.co.uk

SHOPPING

Bücher, Schmuck und Essbares findet man im überdachten **Guildhall Market** (Mo–Sa 8–17.30 Uhr, www.bathguildhallmarket.co.uk). Voll trendiger Boutiquen ist auch die Passage **Milsom Place.**

NIGHTLIFE UND PUBS

The Bell €

Beliebter Pub mit ungewöhnlicher Bierauswahl; außerdem Musikertreff, in dem viele Livesessions stattfinden.

- 103 Walcot Street | Bath | BA1 5BW
  Tel. 01225-460 426
  www.thebellinnbath.co.uk

The Dark Horse Bar €€

Die wunderschöne Cocktailbar im Souterrain ist voller Kunst und Antiquitäten. Im Winter sitzt man gemütlich am Kamin.
Tgl. Ab 17 Uhr

- 7A Kingsmead Square | Bath |BA1 2AB
  Tel. 01225-282477
  www.darkhorsebar.co.uk

Old Green Tree €

Ein winziger, richtig schöner Pub, oft empfohlen und viel besucht. Tolle Auswahl an Bieren, Weinen und Whiskys.

- 12 Green St. | Bath | BA1 2JZ
  Tel. 01225-448 259

AUSFLÜGE AB BATH

LONGLEAT HOUSE 3 G4

Über die A 36 in Richtung Warminster ist Longleat rasch erreicht, ein riesiger Prachtbau aus dem 16. Jh. Den Park mit dem verblüffenden Heckenlabyrinth gestaltete Lancelot »Capability« Brown, und eine Bollywood-Produktion nutzte den Landsitz als Filmkulisse.

Im Garten erstreckt sich der berühmte **Safaripark** mit Löwen und Elefanten; es gibt einen **Abenteuerpark** für Kinder, eine **Miniatureisenbahn** und vieles mehr.

INFO

- Longleat | Warminster | BA12 7NW
  April–Okt. tgl. 10 bis mindestens 17, oft bis 19 Uhr, siehe Webseite,
  Eintritt £ 34,95 für alle Attraktionen mit Passportticket
  www.longleat.co.uk

STOURHEAD 4 G4

Das vom National Trust verwaltete Anwesen liegt nur wenig südlich von Longleat an der B 3092 und wirkt ungeheuer vornehm. Der frühklassizistische Bau wurde 1721 im Auftrag der Bankiersfamilie Hoare begonnen.

Nach dem Vorbild der Gemälde von Claude Lorrain, Poussin und Dughet, die der Hausherr so sehr bewunderte, entstand ab 1741 ein großartiger Landschaftsgarten mit Tempeln und Grotten um einen künstlich angelegten See herum (Stourton, BA12 6QF, Garten: tgl. 9–18, im Winter bis 17 Uhr, Haus: März–Okt. tgl. 11–16.30 Uhr, Eintritt £ 16,60, www.nationaltrust.org.uk/stourhead).

HOTEL UND PUB

The Spread Eagle Inn €€–€€€

1720 erbautes Gästehaus am See auf den Ländereien von Stourhead mit 5 idyllischen Zimmern und guter Küche.

- Church Lawn | Stourton | BA12 6QE
  Tel. 01747-840 587
  www.spreadeagleinn.com

WELLS 5 ★ F4

Die Stadt (11 000 Einw.) verdankt ihren Namen den hier entspringenden Quellen, die heutige Existenz aber dem Klerus: Schon um 700 n. Chr. soll hier die erste Kirche errichtet worden sein.

Die großartige gotische **Wells Cathedral** entstand zwischen 1180 und 1400. Die Westfront gehört mit ihren nahezu 300 Skulpturen von Engeln, Heiligen und Bischöfen, im 13. Jh. von einer Schule lokaler Steinmetze geschaffen, zu den beeindruckendsten in dieser an Domen nicht gerade armen Region.

Auch innen hat die Kathedrale Ungewöhnliches zu bieten: Im nördlichen Querschiff befindet sich z. B. die astronomische Uhr von 1392 mit beweglichen Ritterfiguren, gegenüber führt eine eindrucksvolle Treppe zum Kapitelhaus, und wirklich einmalig sind die Scherenbögen, die die Vierung stützen und das Figurenkapitell **Raub der Weintrauben** zeigen (tgl. 7–19, Okt. bis März bis 18 Uhr, www.wellscathedral.org.uk).

Die Kathedrale bildet zusammen mit dem **Marktplatz,** dem ebenfalls gotischen **Bischofspalais** und den einheilichen Klerikerhäusern der Gasse **Vicars' Close** ein harmonisches Ensemble, an dem man sich kaum sattsehen kann.

INFO

Tourist Information Centre (TIC)

- Wells and Mendip Museum
  8 Cathedral Green | Wells | BA5 2UE
  Tel. 01749-671 770
  www.wellssomerset.com
  www.visitwellssomerset.co.uk
  So geschl.

HOTEL

The Swan €€–€€€

In der Sadler Street nördlich des Markts gibt es einige gute Hotels – dieses, teils in einem Bau des 15./16. Jhs. und mit Garten,

Mittelalterliche Reihenhaussiedlung: Vicar's Close in Wells

ist besonders zu empfehlen. Einige Zimmer mit Kamin und Himmelbett.

- Sadler Street | Wells | BA5 2RX
  Tel. 01749-836 300
  www.swanhotelwells.co.uk

RESTAURANTS

Goodfellows Seafood Restaurant €€€
Frischer Fisch aus Devon und Cornwall wird in einer offenen Küche vor Ihren Augen zubereitet. Tasting Menue mit den beliebtesten Gerichten (6 Gänge).

- 5 Sadler St. | Wells | BA5 2RR
  Tel. 01749-673 866
  www.goodfellowswells.co.uk
  So, Mo 12–15, Di 10–15.30 Uhr, Mi–Sa auch abends

Anton's Bistrot im Crown Hotel €–€€
Neue britische Küche mit französischem Einschlag. Mittags günstige Menüs, am Abend à la carte.

- Market Place | Wells | BA5 2RP
  Tel. 01749-673 457
  www.crownatwells.co.uk

The Good Earth €
Das hübsche Cafe und Deli ist auf vegetarische Bioprodukte spezialisiert.

- 4-6 Priory Road | Wells | BA5 1SY
  Tel. 01749-678 600
  www.thegoodearthwells.co.uk
  Mo–Fr 9–16.30 Uhr, Sa bis 17 Uhr

CHEDDAR 6 F4

Der schönste Weg, um nach Cheddar zu gelangen, ist von Norden durch die Cheddar-Schlucht, in der sich auch einige Outdoor-Freizeitmöglichkeiten bieten und mehrere Tropfsteinhöhlen zu finden sind (www.cheddargorge.co.uk).

Der Ort hat seinen Namen dem berühmtesten englischen Käse geliehen, der in dieser Gegend seit hunderten Jahren produziert wird – schon 1625 wurde er am englischen Königshof in den höchsten Tönen gelobt. An der Straße von der Schlucht ins Dorf steht die **Käserei der Cheddar Gorge Cheese Company** (BS27 3QA, www.cheddaronline.co.uk) zur Besichtigung offen.

GLASTONBURY 7 F4

Mit diesem Ort und seinem Kegelberg **Glastonbury Tor** verbinden sich unzählige Legenden: Hierher soll Joseph von Arimathäa gekommen sein, der Mann, der Jesus vom Kreuz nahm und in der Abendmahlsschale dessen Blut auffing. Diese Schale, den Heiligen Gral, soll er um 60 n. Chr. auf einer Missionsreise unter Glastonbury Tor vergraben haben. Die Verbindung zu den Rittern der Tafelrunde ist verworren, aber nachdem die Abtei von Glastonbury um 1184 abgebrannt war, wollten die Mönche unter den Fundamenten die Gräber von Artus und seiner Gemahlin Guinevere gefunden haben. Historiker gehen davon aus, dass sie lediglich die Beschaffung von Mitteln zum Wiederaufbau beschleunigen wollten.

Glastonbury Abbey gilt als die erste christliche Klostergründung Englands. Nur die Küche des Abts von 1340 ist unbeschädigt, ansonsten liegt die Abtei in Ruinen (Magdalene St., Juni–Aug. 9–20, sonst 9–18 bzw. 16 Uhr, £ 8,25, www.glastonburyabbey.com).

Heute ist Glastonbury ein Mekka der spirituellen Alternativgruppen Englands, deren Utensilienläden sich im Ort aneinanderreihen.

Beim Dorf **Pilton**, 12 km östlich von Glastonbury, findet jährlich im Sommer das **Glastonbury Festival** mit Rockmusik und Aufführungen darstellender Kunst statt (www.glastonburyfestivals.co.uk).

INFO

Tourist Information Centre (TIC)

- The Tribunal | 9 High St | Glastonbury BA6 9DP | Tel. 01458-832 954
  www.glastonburytic.co.uk
  www.glastonbury.co.uk

SHAFTESBURY 8 G4

Das hübsche Städtchen (7300 Einw.) mit der Ruine einer im 9. Jh. gegründeten Abtei liegt auf einem Hügelkamm. Die aus vielen Filmen und Fernsehspielen bekannte Straße Gold Hill, die kopfsteingepflastert und von alten Cottages gesäumt steil ins Tal hinabführt, bietet eine wunderbare Aussicht aufs Umland.

INFO

Tourist Information Centre (TIC)

- 8 Bell Street neben dem Co-Op Supermarkt | Shaftesbury SP7 8AE | Tel. 01747-853 514
  www.shaftesburytourism.co.uk

SALISBURY 9 ★ H4

Die Stadt (45 000 Einw.) in der gleichnamigen weiten Ebene zieht Besucher geradezu magnetisch an: Die Kathedrale, das immer noch mittelalterliche Stadtbild, die seit über 800 Jahren abgehaltenen Wochenmärkte und die Sehenswürdigkeiten ringsum machen sie zu einem der beliebtesten Ziele Englands.

Salisbury Cathedral ist von allen großen Sakralbauten Südenglands der einheitlichste. Obwohl die oft zu lesende Behauptung, der ganze Bau sei in einem Zug zwischen 1220 und 1258 entstanden, nicht ganz stimmt – Kreuzgang und Kapitelhaus kamen Ende des 13. Jhs. hinzu, der Vierungsturm stammt aus der Zeit um 1334 –, ist die Kirche doch zweifellos das besterhaltene Beispiel des frühgotischen *Early English Style*. › mehr S. 17 Punkt 30

Der weithin sichtbare Turm – mit 123 m der höchste Englands – mag aus späterer Zeit datieren, doch fügt er sich harmonisch ins Gesamtbild ein (tgl. 9–17, So 12–16 Uhr, Spende von £ 7,50 erbeten, www.salisburycathedral.org.uk).

Salisbury beansprucht einen weiteren Superlativ für sich: die größte Domfreiheit, **Cathedral Close**, des Landes. Wer über die weiten Rasenflächen um die Kathedrale herumwandert, kann sie unverstellt betrachten.

INFO

Tourist Information Centre (TIC)

- Fish Row | Salisbury | SP1 1EJ
  Tel. 01722-342 860
  www.visitwiltshire.co.uk/salisbury

HOTEL

The Chapter House €€

Altes Fachwerkhaus nahe der Kathedrale mit historischen Wandvertäfelungen, alten

Steinkamine und freistehenden Badewannen. Dazu eine super Küche.

- 9–13 St Johns Street | Salisbury | SP1 2SB Tel. 01722-341277 www.thechapterhouseuk.com

RESTAURANTS/PUBS

Haunch of Venison €–€€

Auch das Interieur mit der letzten Bar aus Zinn in England verrät, dass das Haus im alten Zentrum vor 650 Jahren entstand. Gemäß dem Namen »Rehkeule« serviert die Küche u. a. Wildburger.

- 1 Minster St. (am Markt) | Salisbury SP1 1TB | Tel. 01722-411 313 www.haunchpub.co.uk

Charter 1227 €€

Die Küche ist französisch inspiriert, es gibt guten Lunch, und aus dem ersten Stock einen schönen Blick über den Marktplatz.

- 6/7 Ox Row | The Market Place Salisbury | SP1 1EU | Tel.01722-333118 www.charter1227.co.uk | So, Mo geschl.

New Inn €

Gemütlicher Pub in altem Tudorhaus, vom Hof aus Blick auf den Kirchturm.

- 41–43 New Street | Salisbury SP1 2PH | Tel. 01722-326 662 www.newinn-salisbury.co.uk

WILTON HOUSE G4

5 km westlich von Salisbury wurde Wilton House, der Sitz der Earls of Pembroke, 1649–1652 nach Plänen von Inigo Jones errichtet. Jones' eingehende Beschäftigung mit Maß und Proportion wird besonders an zwei Räumen deutlich: Der »Single Cube Room« ist ein perfekter Kubus mit 9 m Seitenlänge, der »Double Cube Room« verdoppelt die Breite

Salisbury Cathedral

auf 18 m bei sonst gleichen Maßen. Beide Zimmer sind üppig ausgestattet, u. a. mit Werken der großen Gemäldesammlung (Mai–Sept. So bis Do 11.30–17, Park bis 17.30 Uhr, £ 15,50, www.wiltonhouse.co.uk).

STONEHENGE 10 8 G/H4

Englands spektakulärstes Monument vorgeschichtlicher Baukunst, Symbol für die Mysterien einer unergründlichen Epoche, erhebt sich auf der weiten Ebene von Salisbury. Vom nagelneuen Besucherzentrum mit Museum, Freilicht-Hüttendorf, Café und Shop fährt ein Shuttle zum 2 km entfernten Steinkreis. Frei zugänglich ist das Weltkulturerbe jedoch nicht, und auch sonst ist man beim Schutz des Monuments nicht zimperlich: Zu den Sonnenwenden, wenn sich alternative »Traveller« und neuzeitliche Druiden hier versammeln, sind starke Polizeikräfte präsent (tgl. Juni–Aug. 9–20, Mitte März–Mai und Sept.–Mitte Okt. 9.30–19, sonst 9.30 bis 17 Uhr, Online-Vorausbuchung empfohlen: £ 17,50, für Familien £ 45,50, www.stonehenge.co.uk).

AVEBURY 11 G/H3

Im zweiten großen vorgeschichtlichen Monument in Wiltshire herrscht eine völlig andere Atmosphäre als im durchorganisierten Stonehenge: Hier ist einem, als wohnten die Erbauer der Anlage

[illegible]ES RÄTSEL

[illegible]houette des durch Quersteine verbundenen Steinkreises von Stonehenge stellt dessen dritte Bauphase dar. In der ersten Phase um 3000 v. Chr. wurde der Ringgraben von etwa 100 m Durchmesser ausgehoben, schon damals mit dem Eingang nach Nordosten ausgerichtet, wo zur Sommersonnenwende die Sonne aufgeht. Etwa 1000 Jahre später wurden im Zentrum die sogenannten Bluestones aufgestellt, benannt nach der Farbe des Granits. Sie bildeten ursprünglich zwei konzentrische Kreise mit einem Zugang von Nordwesten – in Richtung des Sonnenuntergangs zur Sommersonnenwende. Und in der dritten und erstaunlichsten Bauphase wurden um 1500 v. Chr. die riesenhaften behauenen Sarsenblöcke zu einem geschlossenen Kreis aufgerichtet und mit Quersteinen abgedeckt.

Die genaue Funktion der Anlage bleibt rätselhaft – alle möglichen Legenden mit diversen Erklärungsversuchen entstanden. Mal hatte der Teufel seine Hand im Spiel, mal der Zauberer Merlin. Heute weiß man, dass die Erbauer keinesfalls keltische Druiden waren, deren Kultus viel jüngeren Datums ist. Jüngste geophysikalische Untersuchungen identifizierten Stonehenge inmitten Hunderter von Grabhügeln als Teil einer steinzeitlichen Lebenswelt, und man entdeckte 17 weitere bisher unbekannte Monumente, u. a. Spuren eines hölzernen Langhauses. Viel Stoff für neue Spekulationen.

Nicht weniger eindrucksvoll als Stonehenge ist der Steinkreis in Avebury

noch immer in dem Dorf, dessen Hauptstraße mitten durch den Kreis führt. Schafe ruhen im Schatten der Steine, für Besucher gibt es keine Zugangsbeschränkungen.

Der Ringgraben von Avebury mit dem aufgeschütteten Erdwall dahinter misst 347 m im Durchmesser und umfasst eine Fläche von 11,5 ha. Vom Umfang her ist der Steinkreis am Innenrand des Grabens, der ca. 2600–2100 v. Chr., errichtet worden sein soll, der größte Europas.

MUSEEN

- **Alexander Keiller Museum**
  Tgl. 10–18, im Winter bis 16 Uhr, £ 4,40.
- **Avebury Manor House**
  April–Okt. tgl. 11–17 Uhr, im Winter bis 16 Uhr, in der Hochsaison Timed Ticket vorher buchen, £ 7,20.
  www.nationaltrust.org.uk/avebury

RESTAURANT

Das **Coach House Cafe** des National Trust (Sa, So, Fei 11–17 Uhr) und die **Avebury Manor Tea Rooms** (tgl. 12–17 Uhr) versorgen Gäste in Avebury mit Snacks, vegetarischem Lunch und Tee.

WEITERE PRÄHISTORISCHE STÄTTEN

2,5 km nordwestlich von Avebury hat man bei **Windmill Hill** die – heute kaum mehr sichtbaren – Reste einer Siedlung aus der Zeit um 3700 v. Chr. entdeckt.

Aus der gleichen Epoche stammt das 100 m lange Ganggrab **West Kennet Long Barrow** südlich von Avebury, und dann ist da noch **Silbury Hill.** Der 40 m hohe Hügel ist auffallend regelmäßig geformt. Hier haben Hunderte von Menschen ab ca. 2800 v. Chr. in komplexer Bauweise (z. B. unter Verwendung hölzerner Zäune zur Sicherung der aufgeschütteten Erde) einen künstlichen Kegelberg errichtet, für dessen Zweck es bis heute keinerlei Anhaltspunkte gibt.

BOURNEMOUTH UND POOLE 12 G5

Bournemouth wurde von den Viktorianern als Seebad aus dem Boden gestampft. Das erste Haus am Ort entstand 1810, doch ihre schöne Lage auf den Klippen über weiten Stränden und die Anbindung an die Eisenbahn ließen die Stadt nach 1850 rasch anwachsen.

Heute gehen Bournemouth und die alte Hafenstadt Poole ineinander über und bilden einen Ballungsraum mit etwa 300 000 Einwohnern. Ausufernde Bebauung und einige hässliche Straßenschneisen waren wohl unumgänglich, dennoch sind die beiden Stadtkerne höchst ansehnlich: **The Quay** am Hafen von Poole und das Viertel um **The Square** mit großzügigen Grünanlagen in Bournemouth. Auch die weiten Strände mit ihren fast 2000 bunten Strandhütten sind geblieben: Mit sieben Meilen goldenem Sand präsentiert sich Bournemouth als Seebad, das 2018 auf sieben Blaue Flaggen für höchste Umweltstandards verweisen konnte. Zudem gehört dieser Küstenabschnitt zu den wärmsten, trockensten und sonnigsten in ganz England.

Das modernisierte **Russell-Cotes Art Gallery & Museum** an der East Cliff Promenade unweit des Bournemouth Pier zeigt hochinteressante Exponate, darunter japanisches Kunsthandwerk, Keramik und eine Gemäldesammlung mit Werken leider oft unterbewerteter britischer Maler aus dem 19. Jh. (Di–So 10–17 Uhr, www.russellcotes.com, Eintritt £ 7,50).

Im Westen geht Bournemouth nahtlos in **Poole** über. Die Bucht von Poole ist mit ihren 80 Kilometern verschlungener Küste ein riesiger Naturhafen, an dem diese Hafenstadt, ein einstiges Seeräubernest, eine wesentlich längere Tradition hat als Bournemouth. Hier findet sich eine Altstadt mit Lagerhäusern und urigen Pubs.

Zu besichtigen ist auch die bezaubernde Gartenanlage von **Compton Acres** (164 Canford Cliffs Road, Poole, BH13 7ES, tgl. 10–18, im Winter bis 16 Uhr, Eintritt £ 8,45, www.comptonacres.co.uk).

Die Buchten bieten nicht nur traumhafte Sandstrände, sondern es werden auch Austern gezüchtet (www.othniel.com).

Der lange Strand zum Ärmelkanal hin, der an der schmalen Halbinsel **Sandbanks** ausläuft, gehört zu den schönsten Englands. Von Sandbanks aus kann man auf die Halbinsel Purbeck übersetzen.

INFO

Tourist Information Centre (TIC)

- Pier Approach | Bournemouth BH2 5AA | Tel. 01202-451 734 www.bournemouth.co.uk

Häuser an »The Quay« in der Innenstadt von Poole

HOTEL

Urban Beach €–€€

Relaxte Unterkunft 500 m vom Boscombe Beach entfernt. Nur 12 Zimmer, cooles Ambiente (Surfbretter an den Wänden), schöne Terrasse und gutes Essen im Bistro.

- 23 Argyll Road | Bournemouth | BH5 1EB
  Tel. 01202-301509
  www.urbanbeach.co.uk

RESTAURANTS

West Beach Restaurant €€

Viel Fisch in zentraler Lage direkt an der Promenade und dem Pier mit Blick über den Strand. Auch Livejazz.

- Pier Approach | Bournemouth
  BH2 5AA | Tel. 01202-587 785
  www.west-beach.co.uk

Storm Fish Restaurant €–€€

Das einzige Fischrestaurant der Region, dessen Besitzer den Fang selbst nach Hause bringt. Rustikal und bodenständig.

- 16 High Street | Poole | BH15 1BP
  Tel. 01202-674970
  www.stormfish.co.uk
  So abends geschl.

AUSFLÜGE VON BOURNEMOUTH

ISLE OF PURBECK G5

Von der landschaftlich sehr reizvollen Halbinsel stammt der bekannte Purbeck-Marmor, der in den meisten englischen Kirchen verbaut wird. Zwischen Sandbanks in Poole und South Haven Point pendelt von früh bis spät eine Autofähre (www.sandbanksferry.co.uk). Weite Teile Purbecks sind Naturschutzgebiet.

INFO

Tourist Information Centre (TIC)

- The White House | Shore Road
  Swanage | BH19 1LB
  Tel. 01929-766 018
  www.visit-dorset.com

CORFE CASTLE 13 G5

An den Wolken kratzt diese imposante Burgruine, die Residenz vieler glückloser Könige war, z. B. King Edwards, den seine Stiefmutter

Elfride 978 am Martyr's Gate ermordete. Wie fast alle Burgen wurde Corfe während des Bürgerkriegs im 17. Jh. geschleift (April–Sept. tgl 10–18, März, Okt. 10–17, sonst bis 16 Uhr, £ 9,50, www.nationaltrust.org.uk/corfe-castle).

LULWORTH COVE G5

Ebenfalls auf Purbeck liegt diese fantastische Bucht zwischen Bournemouth und Weymouth. Geologen haben einen versunkenen Wald aus tropischen Riesenfarnen und Gewächsen entdeckt, der vor Millionen Jahren wucherte und über den das Heritage Centre am Parkplatz informiert.

DURDLE DOOR 14 9 G5

Von Lulworth Cove wandert man rund eine Stunde (sehr steil) bis zum Durdle Door Arch, einem imposanten, malerisch verwitterten Felstor, das ins Meer ragt – wie weite Teile der Küste Dorsets and East Devons zählt er zum UNESCO-Weltnaturerbe.

Der Bogen entstand, weil die Wellenbrecher weniger hartes Gestein wie Ton und Lehm über Millionen Jahre zersetzten, und nur diese Landzunge aus festerem Portland-Kalkstein zurückblieb. Daneben erstreckt sich ein sehr schöner Strand mit einem herrlichen Panorama, an dem man gut baden kann.

ABBOTSBURY 15 F5

Blumenumrankte Cottages mit Reetdächern säumen hier die Dorfstraße. Den Resten eines Klosters ist die **Swannery** angeschlossen: In einem Becken der Lagune, den die Kiesbank Chesil Beach vor der Küste bildet, haben seit 600 Jahren Hunderte von Schwänen ihr Para-

Am Strand bei Durdle Door badet man mit einem UNESCO-Welterbe vor Augen

dies auf Erden gefunden. Zwischen Mitte Mai und Ende Juni schlüpfen hier die Küken (Mitte März–Okt. tgl. 10–17 Uhr, Fütterungen tgl. 12 und 16 Uhr, Eintritt £ 12,50, www.abbotsbury-tourism.co.uk).

Wunderschön sind auch die 8 ha großen **Sub-Tropical Gardens,** die der begeisterte Amateurbotaniker Earl of Ilchester um 1760 anlegte (März–Okt. 10–17, Nov.–Febr. 10 bis 16 Uhr bzw. bis Sonnenuntergang, Eintritt £ 12,50).

HOTEL UND RESTAURANT

Ilchester Arms €€

Gepflegter Gasthof in einer ehemaligen Kutschenstation (18. Jh.).

- Market Street | Abbotsbury | DT3 4JR
  Tel. 01305-873 841
  www.theilchester.co.uk

NEW FOREST ★ H4/5

Märchenhafte Bachläufe mäandern durch uralte Eichenhaine, auf blühenden Heideflächen grasen Wildpferde, die sich von niemandem stören lassen. Dieser kleinste Nationalpark Englands ist nur einen Steinwurf vom Meer entfernt.

Wilhelm der Eroberer gab dem etwa 385 km² großen Gebiet um 1079 seinen Namen – damals war »Forest« ein Rechtsbegriff, der den Wald dem König als Jagdrevier vorbehielt.

Die einst dichten Eichenbestände wurden im Lauf der Zeit teilweise abgeholzt und bei Buckler's Hard in Schlachtschiffe verwandelt; im 19. Jh. begann man wieder aufzuforsten (www.thenewforest.co.uk).

LYNDHURST 16 H5

Inmitten der Heide, umgeben von Wald, liegt der Hauptort des New Forest. Jugendstilfans sollten die neugotische Kirche aufsuchen: sie schmücken Glasfenster von Edward Burne-Jones und Wandbilder von Lord Leighton.

Das **New Forest Museum & Visitor Centre** am Hauptparkplatz bietet neben einer audiovisuellen Einführung in die Geschichte der Region auch Karten (SO43 7NY, Museum tgl. 9.30–17, im Winter ab 10 Uhr, Tel. 023-8028 3444, www.newforestcentre.org.uk).

Im Gebäude des New Forest Visitor Centre hat auch das **TIC** der Stadt Lyndhurst seine Räume (www.thenewforest.co.uk).

RESTAURANT

The Oak Inn €–€€

Angenehm schlichter Pub mit gutem Essen im Dorf Bank etwas südwestlich von Lyndhurst, besonders empfehlenswert sind die Desserts.

- Pinkney Lane
  Bank | SO43 7FD
  Tel. 023-8028 2350
  www.oakinnlyndhurst.co.uk

AKTIVITÄTEN

Fahrradverleih AA Bike Hire

- Fernglen | Gosport Lane
  Lyndhurst | SO43 7BL
  Tel. 023-8028 3349
  www.aabikehirenewforest.co.uk

Ford Farm Stable

Im Reitstall 6 km südlich von Lyndhurst, etwas außerhalb von Brockenhurst, wird Unterricht für Anfänger gegeben. Fortgeschrittene haben kilometerlange Reitwege vor der Tür.

- Burley Road | Brockenhurst SO42 7TB
  Tel. 07503-507 324
  www.fordfarmstables.yolasite.com

BEAULIEU 17 H5

Am Rand des New Forest liegt das Bilderbuchdorf Beaulieu (sprich: »Bjuulih«). Enten und Gänse schwimmen auf dem Dorfteich, an dem auch einer der wohl bekanntesten englischen Landsitze steht.

Seine Reputation liegt im telegenen Charme von Lord Montagu of Beaulieu und der Freimütigkeit, mit der er bekennt, um jeden Penny froh zu sein, den das zahlende Publikum einbringt. Und das besucht in erster Linie sein **National Motor Museum** mit der umfangreichen Kollektion von Oldtimern und anderen Fahrzeugen (tgl. 10–18, Okt.–Mai 10 bis 17 Uhr, £ 24,75, Tel. 01590-612345, www.beaulieu.co.uk).

HOTELS/RESTAURANTS

Montagu Arms Hotel €€€
Countryhouse aus dem 18. Jh mit Kamin, Eichenverkleidung und Kuschelsofas. 22 romantische Zinmer und mehrfach preisgekröntes Restaurant.

- Beaulieu | SO42 7ZL
  Tel. 01590-612 324
  www.montaguarmshotel.co.uk

The Master Builder's €€–€€€
Hotel, Restaurant und im Sommer BBQ. In dem Backsteinbau lebten im 18. Jh. die Erbauer von Admiral Nelsons Flotte.

- Buckler's Hard
  Beaulieu Estate | SO42 7XB
  Tel. 01590-616 253
  www. hillbrookehotels.co.uk/the-master-builders

AKTIVITÄTEN

Kajaktouren und andere Aktivitäten bietet **New Forest Activities** an (The Old Forge, High Street, Beaulieu, SO42 7YA Tel. 01590-612 377, www.newforestactivities.co.uk).

LYMINGTON 18 H5

Bereits um 1200 zum freien Hafen erklärt, hatte Lymington ehedem Bedeutung als Zentrum des Bootsbaus und der Meersalzgewinnung. Um die Wende vom 18. zum 19. Jh. mauserte es sich dann zum beliebten Seebad gehobener Stände. Kein Wunder, dass der Ort (15 700 Einw.) heute einen so wohlhabenden Eindruck macht.

INFO

Visitor Information Point

- St Barbe Museum | New Street
  Lymington | SO41 9BH
  Tel. 01590-676 969
  www.lymington.com

HOTEL/RESTAURANT

The Mill at Gordleton €€–€€€
Zauberhafter Luxus in einer alten Mühle. Restaurant mit Terrasse am Fluss, Gourmetküche mit britischer Note.

- Silver St. im Dorf Hordle, 3 km westlich von Lymington | SO41 6DJ
  Tel. 01590-682 219
  www.themillatgordleton.co.uk

PORTSMOUTH 19 J5

Das Interessanteste an der Stadt (205 000 Einw.) ist ihr Hafen, denn ein Großteil des historischen Stadtkerns wurde im Zweiten Weltkrieg zerstört. Nördlich des Fährhafens zur Isle of Wight liegt die sehenswerte **Royal Naval Base (Historic Dockyards)**. Seit dem 15. Jh. ankert die Flotte der britischen Kriegsmarine in Portsmouth. Die höchst beeindruckende »HMS Victory« war 1805 in der Seeschlacht von Trafalgar Admiral Nelsons Flaggschiff – er selbst kam in dieser Schlacht um. Die »Mary Rose«, das stolzeste Schiff Heinrichs VIII., sank 1545 vor seinen Augen und wurde erst nach 437 Jahren samt seinem historisch unschätzbar wertvollen Inhalt gehoben. Im Museum ist es zu bestaunen (April–Okt. tgl. 10–17.30, Nov.–März 10–17 Uhr, letzter Einlass jeweils 90 Min. vor Schließung. Freier Zutritt zu den historischen Docks, Schiffsbesichtigungen und Museen kosten £ 32, eine einzelne Attraktion £ 18. Die ein Jahr lang gültigen Tickets berechtigen zu mehrmaligem Eintritt, www.historicdockyard.co.uk).

Nur wenige Minuten von den historischen Docks entfernt liegt direkt am Wasser das Shopping Centre **Gunwharf Quays** mit Läden, Bars, Restaurants und dem neuen Wahrzeichen der Stadt, dem 170 m hohen **Spinnaker Tower**. Er bietet eine herrliche Aussicht von drei Besucherebenen (tgl. 10–18 Uhr, Eintritt £ 11). > mehr S. 13 Punkt 10

Auf dem Landvorsprung in Portsmouth Harbour, 5 km westlich von Portsmouth, steht **Portchester Castle** mit einem weitgehend erhaltenen römischen Kastell (Church Lane, PO16 9QW, April–Sept. tgl. 10–18, Okt. bis 17, sonst Sa, So bis 16 Uhr, in den Schulferien tgl., Eintritt £ 11).

Auf den Zinnen von Arundel Castle

AUSFLÜGE AB PORTSMOUTH

ARUNDEL 20 J/K5

Wie aus einem Ritterroman wirkt der Ort (3200 Einw.) mit seinen verwinkelten Gassen voller Antiquitätengeschäfte, Teestuben und Pubs, die sich zur massiven **Burg** hinauf winden (BN18 9AB, April–Okt. Di bis So 10–17 Uhr, £ 13–22, www.arundelcastle.org). Die katholischen Herzöge von Norfolk haben hier ihren Stammsitz. Auch der neugotische Dom (19. Jh.) ist katholisch.

Von Arundel lohnt sich ein Abstecher in die nur wenig nördlich in den South Downs gelegenen idyllischen Dörfer **Amberley** und **Bury** – auch, um einen der dortigen Pubs zu besuchen.

INFO

Arundel Visitor Information Centre

- Arundel Museum | River Road
  Arundel | BN18 9PA
  Tel. 01903-885 866
  www.arundel.org.uk

PETWORTH HOUSE UND PARK 21 J4

»Das Haus streckt gewissermaßen die Ellenbogen mitten in den Ort«, schrieb der unermüdliche Reisende Daniel Dafoe zu Petworth House, und meinte damit die Mauern um das Grundstück, hinter denen sich ein 1688–1696 im französischen Monumentalstil errichtetes Palais verbirgt. Die drei Stockwerke hohe Fassade ist über 90 m breit, das Innere vollgestopft mit Kunstschätzen. Umgeben wird es von einem 280 ha großen Park, einem Meisterwerk von »Capability« Brown.

Der dritte Earl of Egremont war ein großzügiger Mäzen, der z. B. William Turner einlud, im Haus zu malen. Die Kunstsammlung umfasst neben 20 Werken von Turner auch Gemälde von Tizian, van Dyck, Reynolds, Gainsborough und Blake sowie antike Skulpturen und die um 1690 von Grinling Gibbons für das Haus gefertigten Schnitzarbeiten (GU28 0AE, Park: 10 bis 17 Uhr, Haus: Mitte März–Okt. tgl. 11–17, Dez. bis 16 Uhr, Eintritt £ 13,50, www.nationaltrust.org.uk/petworth-house-and-park).

ISLE OF WIGHT

22 ★ H/J5

Mit 381 km² Fläche und 104 km Küste ist die Insel ein überschaubares Gebiet, das trotzdem genug Abwechslung für mehrere Tage Aufenthalt bietet. Große Teile der wild zerklüfteten Küstenlandschaft mit ihren tollen Sandstränden und kilometerlangen Wanderwegen gehören dem National Trust. Berühmt ist die Insel auch für ihre sommerlichen Regatten.

INFO

Visitor Information Centre

- High Street
  Newport | PO30 1TY
  Tel. 01983-521 555
  www.visitisleofwight.co.uk

VERKEHR

- **Fähren: Wightlink** (Tel.0333-9997 333, 8–20 Uhr, www.wightlink.co.uk) Portsmouth–Ryde (Katamaran-Passagierfähre, 22 min.), Portsmouth–Fishbourne (Autofähre, 40 min.) und Lymington–Yarmouth (Autofähre, 30 min.); **Red Funnel** (Tel. 0844-844 9988, aus dem Ausland: 0044-(0)23-8001 9192, www.redfunnel.co.uk) Southampton–West Cowes (Red Jet High-Speed Passagierfähre, 23 min.), Southampton–East Cowes (Autofähre, 55 min.); **Hovertravel** (Tel. 01983-717 700, www.hovertravel.co.uk) Portsmouth (Southsea)–Ryde (Hovercraft Passagierfähre, 10 min.)
- **Busse: Southern Vectis** (Tel. 0330-053 9182, www.islandbuses.info) unterhält ein Busnetz auf der ganzen Isle of Wight.

OSBORNE HOUSE H5

Königin Victorias Privatresidenz östlich von Cowes an der Nordküste der Isle of Wight entwarf ihr Prinzgemahl Albert zusammen mit dem Baumeister Thomas Cubitt im Stil einer italienischen Renaissancevilla.

Das von der English Heritage betreute Haus liegt wunderschön in ausgedehnten Gärten mit Blick auf den Solent in Richtung Festland. Das Innere ist voll mit Kostbarkeiten jeder erdenklichen Stilrichtung und Gastgeschenken aus den Kolonien. So ist z.B. der **Durbar Room** einem indischen Festsaal nachempfunden (Haus und Gärten: April bis Sept. tgl. 10–18, Okt. bis 17 Uhr. Im Winter Website konsultieren, Eintritt £ 17,20, www.english-heritage.org.uk/visit/places/osborne). › mehr S. 15 Punkt 21

Ebenso interessant sind die Familienporträts, die belegen, wie eng die britische Monarchie mit deutschen Adelshäusern verbunden war (es wimmelt geradezu vor Namen wie Brandenburg-Ansbach und Mecklenburg-Strelitz) und wie sehr Victoria über ihre neun Kinder und deren Nachkommen Einfluss auf die Dynastien Europas nehmen konnte: Der deutsche Kaiser Wilhelm II. war ihr Enkel, ihre Enkelinnen Maud, Alex, Margaret und Victoria Eugenie heirateten Haakon VII. von Norwegen, Nikolaus II. von Russland, Gustav VI. von Schweden und Alfons XIII. von Spanien.

Seit Kurzem kann man auch an Victorias Privatstrand baden, sich im Beach Cafe entspannen oder an Ferienwochenenden Aufführungen von Punch and Judy (eine Art Kasperletheater) sehen.

COWES H5

Im hübschen Seglerparadies Cowes, das durch den Fluss Medina in East und West Cowes geteilt wird, bum-

Im Garten von Osborne House versteckt sich ein Schweizer Häuschen

melt man am besten durch die kopfsteingepflasterten Gassen am stets belebten Hafen von West Cowes. Im Ort dreht sich fast alles um den königlichen Jachtklub Royal Yacht Squadron und die von ihm ausgerichteten Regatten (z. B. den Admiral's Cup für Hochseejachten).

NEWPORT UND CARISBROOKE CASTLE H5

Das kleine **Newport** (24 000 Einw.) ist der Hauptort der Isle of Wight. Wer gerne einkaufen möchte, z. B. in den Antiquitätenläden der Watchbell Lane, oder sich die Ausgrabungen der Newport Roman Villa in der Cypress Road ansehen will, sollte hier Station machen (April–Nov. Mo–Sa 10.30–16 Uhr, Juli/Aug. auch So, www.iow.gov.uk/Visitors/Where-to-go/Newport-Roman-Villa). Auch die Viertel um die zentrale High Street und die eleganten Häuser aus dem 18./19. Jh. an den Ufern des Flusses Medina sind von Interesse.

Die eigentliche Touristenattraktion aber liegt 1,5 km südwestlich des Orts auf einem Hügel mit schönen Ausblicken über die Insel: **Carisbrooke Castle.** Die eindrucksvolle Burg, in der Karl I. gefangen gehalten wurde, stammt aus normannischer Zeit, wurde jedoch bis ins 18. Jh. als Festung instandgehalten, weshalb die Brunnen innerhalb der Mauern besonders wichtig waren. Bis heute wird Besuchern vorgeführt, wie ein Esel in einer Tretmühle den Wassereimer heraufzieht (Castle Hill, Newport, PO30 1XY, Castle samt Museum: März–Sept. tgl. 10–18, Okt. bis 17, sonst bis 16 Uhr, Eintritt £ 10, www.carisbrookecastlemuseum.org.uk).

DIE SÜDKÜSTE

An der schönen Südküste reihen sich die betulichen, im Hochsommer überlaufenen Seebäder Sandown, Shanklin und Ventnor auf.

In **Sandown** H/J5 kann man Fahrräder mieten – keine schlechte Art, die Insel zu erkunden (1st Call, 15 Marsh Close, PO36 8EU, Tel. 01983-400 055, www.islecycle.co.uk). Ausklingen kann der Tag dann in der **Driftwood Beach Bar** am Strand von Sandown (Culver Parade, www.driftwoodbeachbar.com).

Am Dunroamin Beach zwischen Sandown und **Shanklin** H5 bietet das Zentrum Wight Water Adventure Sports Surfing- und Canoeing-Unterricht (Tel. 01983-404 987, www.wightwaters.com).

Sollte das Wetter nicht zum Baden am Strand von **Ventnor** H5 einladen, lohnt der Besuch des Botanischen Gartens, dessen Palmen- und Kräutergarten noch aus der Zeit stammen, als hier ein Lungenhospital stand (The Undercliffe Drive, PO38 1UL, www.botanic.co.uk, tgl. 10–17 Uhr bzw. Sonnenuntergang, Eintritt £ 9,50).

An der Südspitze der Insel, westlich des St Catherine's Point, erreicht man die dramatische Schlucht **Blackgang Chine,** über der sich ein lärmender Vergnügungspark mit Piratenschiff und Dinopark erstreckt (tgl. 10–17, in den Ferien bis 18 Uhr, Nov.–März geschl., £ 22,50, www.blackgangchine.com).

The Needles, das Wahrzeichen der Isle of Wight

Danach eröffnet die Küstenstraße wieder weite Ausblicke, die zum Anhalten anregen. Am Fuß der Klippen der **Compton Bay** erstreckt sich ein schöner Badestrand.

Schroff und steil ragen an der Westspitze eine Reihe spitzer Kreidefelsen weit ins Meer hinaus: **The Needles** H5 sind das Wahrzeichen der Isle of Wight und als solches leider vom Rummel des Needles Pleasure Park verunziert.

Schön ist dagegen eine Wanderung entlang der Klippen von der Freshwater Bay zum Aussichtspunkt, sie eröffnet auch eine gute Sicht auf die Alum Bay mit ihren farbigen Sandsteinschichten. Am besten jedoch sieht man die Needles vom Boot aus (www.needlespleasurecruises.co.uk)

HOTELS

Bedford Lodge €

Sehr schöne Traditionspension mit sonnigem Garten und erstklassigem Frühstück.

- 4 Chine Avenue | Shanklin Old Village PO37 6AA | Tel. 01983-862416 www.bedfordlodge.co.uk

Wight Mouse Inn €€

Eines der kinderfreundlichsten Gasthäuser der Insel mit großem Spielplatz und Garten und Ponyreiten. Gutes Essen im Restaurant mit Kamin; erstaunlich ruhige Unterkunft.

- Church Place | Chale | PO38 2HA gegenüber dem Eingang zur Blackgang Chine | Tel. 01983-730 431 www.wightmouse.co.uk

YARMOUTH H5

Das wuchtige **Yarmouth Castle** beherrscht diesen attraktiven Hafen an der Nordküste der Insel. Die 1549 unter Heinrich VIII. erbaute Küstenfestung bietet neben einer anschaulichen Einführung in dessen Verteidigungspolitik auch schöne Ausblicke zum ebenfalls zur Strategie gehörigen **Hurst Castle,** das gegenüber auf dem Festland den Solent bewacht.

HOTEL/RESTAURANT

The George Hotel €€€

Der Bau aus dem 17. Jh. beherbergt eines der meistgelobten Restaurants der Region. Holzgetäfelte Zimmer, stattliche Eingangshalle und Terrasse zum Wasser.

- Quay Street | Yarmouth | PO41 0PE
  Tel. 01983-760 331 | www.thegeorge.co.uk

FAHRRADVERLEIH

Wight Cycle Hire

- The Old Works | Station Rd. | Yarmouth
  PO41 0QU | Tel. 01983-761 800
  www.wightcyclehire.co.uk

WINCHESTER 23 ★ H4

Die Stadt (45 000 Einw.) lebt von ihrer stolzen Geschichte und war von der Besiedelung durch die Römer um 70 n. Chr. bis ins 13. Jh. unter normannischer Herrschaft eines der Machtzentren Englands und eine bedeutende Handelsmetropole. Erst allmählich wurde sie zu dem angenehmen und als Reiseziel beliebten Provinzort, wie man ihn heute antrifft.

KATHEDRALE

Mittelpunkt der Stadt ist der Bezirk um **Winchester Cathedral.** Der Grundstein der Kirche wurde 1079 gelegt, die Querschiffe enthalten noch normannische Teile. Weitere Bauabschnitte wurden um 1200, zwischen 1350 und 1400 sowie in der zweiten Hälfte des 15. Jhs. in Angriff genommen. Die tückische Bodenbeschaffenheit, die sich immer wieder in Wassereinbrüchen bemerkbar machte, verhinderte hohe Türme: 1107 stürzte der erste Vierungsturm ein, 1905 mussten die Fundamente mit Beton untergossen werden. Der Taucher William Walker wird mit mehreren Büsten geehrt. Dennoch gilt die Kathedrale als einer der großartigsten Sakralbauten Englands. Im Sommer finden oft Konzerte statt (9.30–17, So 12.30–15 Uhr, Eintritt £ 8, Führungen Mo–Sa 10–15 Uhr stündlich, www.winchester-cathedral.org.uk).

DIE ALTSTADT

Westlich der Kathedrale, jenseits der Southgate Street, erhebt sich die 1222–1236 unter Heinrich III. errichtete **Great Hall.** Dieser letzte erhaltene Teil des Königspalasts mit seinen eleganten Säulen und dem gusseisernen Tor, das der Hochzeit von Charles und Diana gedenkt, ist höchst sehenswert (tgl. 10–17 Uhr, £ 3), aber die meisten Besucher kommen wegen des Round Table, der Tischplatte, die der Tafelrunde von König Artus gedient haben soll. In Wahrheit stammt sie aus dem ausgehenden 13. Jh., als die englische Krone sich der Artussage zu politischen Zwecken bemächtigte – die Tafelrunde symbolisierte die nationale Einheit und Standhaftigkeit.

Im Süden des Kathedralbezirks liegen die malerischen Gebäude der **Pilgrim's School,** der Schule für die Knaben des Domchors. Am fotogenen Fachwerkbau **Cheyney Court** vorbei und durch das mittelalterliche **Kingsgate** gelangt man zum Haus 8 College Street, in dem Jane Austen starb (sie liegt in der Kathedrale begraben), und dann zum **Winchester College,** einer der ersten »public schools«, älter (und feiner) als Eton, 1382 von William of Wykeham gegründet. Damals waren diese Schulen tatsächlich öffentlich, erst später entwickelten sie sich zu den elitären Privatschulen. Es werden ganzjährig Führungen für Besucher angeboten (www.winchestercollege.org/guided-tours).

DIE MUSEEN

Die Stadtväter von Winchester behaupten, dank extensiver Ausgrabungs- und Forschungsarbeit besitze keine andere europäische Stadt heute so genaue Kenntnisse über ihre Vergangenheit.

Ob das stimmt, lässt sich in mehreren Einrichtungen nachprüfen: Das **Westgate Museum** im alten Westtor der Stadtmauer zeigt u. a. mittelalterliche Waffen und Rüstungen (High Street, April–Aug. Mo–Sa 10–17, So ab 12, sonst Sa 10–16, So ab 12 Uhr, Eintritt frei), während das **City Museum** auf drei Stockwerken interessante Exponate zur Stadtgeschichte ausstellt (Öffnungszeiten wie Westgate Museum, Spende von £ 3 erbeten).

HIGHCLERE CASTLE

Es bedarf schon einer international erfolgreichen Fernsehserie, um im 21. Jh. einen Familienwohnsitz aus 300 Zimmern, davon alleine 80 Schlafzimmern, und 3200 ha Grund und Boden vor dem Verfall zu retten. Für das Schloss der Grafenfamilie von Carnarvon, etwa 35 km nördlich von Winchester gelegen, wurde dieses Märchen wahr. Ihr Zuhause, Highclere Castle, im 19. Jh. von Charles Barry, dem Architekten der Houses of Parliament gebaut, wurde zum Schauplatz für das Adelsepos Downton Abbey und damit schlagartig einem Millionenpublikum bekannt. Bis dato diente es Besuchern vor allem als romantische Hochzeitslocation, nun kommt der imposante Renaissancebau zu neuem Ruhm und touristischen Ehren. Wer wollte sich nicht nur einmal im Leben für nur einen Moment wie Lady Mary fühlen? Auf die Bedienung durch den Butler müssen sowohl die Besucher als auch die Besitzer inzwischen allerdings verzichten. Ins Haus gelangt man nur per Führung, und der Andrang ist so groß, dass es ratsam ist, sich die Karten lange vorab übers Internet zu kaufen. Sehenswert ist übrigens auch die ägyptische Ausstellung (überwiegend Repliken), die ihre Existenz dem Umstand zu verdanken hat, dass die Hausherren einst die Expedition ins Tal der Könige zum Grab von Tutanchamun finanziert haben (unterschiedliche Öffnungszeiten siehe Website, £ 22, www.highclerecastle.co.uk).

Karte S. 102

INFO

Tourist Information Centre (TIC)

- Guildhall | High Street
  Winchester | SO23 9GH
  Tel. 01962-840 500
  www.visitwinchester.co.uk
  Ganzjährig werden Stadtführungen angeboten (ca. 1,5 Std., April–Okt. Mo–Sa zweimal tgl., im Winter nur Sa, £ 6–7,50, Kinder in Begleitung Erwachsener frei. Auch für Rollstuhlfahrer geeignet.

HOTEL/RESTAURANT

The Wykeham Arms €€–€€€
Das 250 Jahre alte Gasthaus bietet alles, was das Herz begehrt: freundliche Aufnahme, mehrere Sorten Tee und hervorragenden Cappuccino, gepflegte Ales und Weine, gutes Essen (ab 11 Uhr durchgehend geöffnet) sowie 14 opulente Gästezimmer.

- 75 Kingsgate St.
  Winchester | SO23 9PE
  Tel. 01962-853 834
  www.wykehamarmswinchester.co.uk

SFLÜGE VON NCHESTER

NDSOR CASTLE 24 10 J3

Die imposante, mittelalterlich wirkende Festung, Symbol des englischen Königtums, ist von Winchester über die Autobahn in etwa einer Stunde zu erreichen.

Seit normannischer Zeit wurde das königliche Schloss über der Themse immer weiter ausgebaut und kontinuierlich von den Monarchen bewohnt. Windsor bietet viele Besichtigungsrundgänge, manche jedoch nur, wenn die Queen gerade nicht in dort weilt.

Neben mehreren Prunkräumen zählen Queen Mary's Puppenhaus › mehr S. 15 Punkt 23 und die hochgotische **St George's Chapel** (14. Jh.) zu den Höhepunkten einer Schlosstour, hier ruht u. a. die 2002 verstorbene, höchst beliebte Königinmutter. Im Mai 2018 feierten Prince Harry und Meghan Markle hier ihre Hochzeit.

INFO

- Öffnungszeiten: März–Okt. tgl. 10–17.15, Einlass bis 16 Uhr, Nov.–Feb. 10–16.15, Einlass bis 15 Uhr
- Wachablösung *(Changing the Guard)* April–Juli Mo–Sa 11 Uhr, sonst nur jeden zweiten Tag
- Tickets: 0303-123 7304
- Eintritt inkl. State Apartments und Audioguide £ 21,20
- www.royalcollection.org.uk/visit/windsorcastle

RHS WISLEY GARDENS 25 K4

In die Nr. 1-Gartenanlage der Royal Horticultural Society (RHS) fährt man von Winchester aus ebenfalls etwa eine Stunde. Diese renommierteste Gartenbaugesellschaft der Welt pflegt Wisley als Schau- und Versuchsgarten in einem. Eine unglaubliche Pflanzenvielfalt und modernes Gartendesign begeistern nicht nur Profis.

INFO

- Woking | GU23 6QB
  März–Okt Mo–Fr 10–18,
  Sa–So ab 9, sonst nur bis 16.30 Uhr
  Eintritt £ 14,50
  Tel. 08413-211 113
  www.rhs.org.uk/Gardens/Wisley

DER SÜDOSTEN

Sonnenuntergang
am Brighton Pier

»Garten Englands« nennt man die Grafschaften im Südosten mit ihren mächtigen Castles und verträumten Küstenorten. In Canterbury ragt die Kathedrale empor, Brighton glänzt mit prachtvoller Regency-Architektur.

Die mondäne Südküste Ostenglands bietet zwar überwiegend Kiesstrände, lockt aber viele Touristen und Sprachenschüler an. Inbegriff des englischen Seebades ist Brighton mit seinem Pier und dem Palast aus Tausend und einer Nacht. Im Hinterland ziehen sich mit den North und South Downs Hügelketten aus Kreide von West nach Ost, die bei Dover zu den charakteristischen Kreideklippen erodiert sind. Im Landesinneren verstecken sich Dörfer, Burgen und Landhäuser wie aus dem Bilderbuch. Geschichte kann man hier an Originalschauplätzen nachspüren: Bei Hastings landete Wilhelm der Eroberer und schuf 1066 ein einheitliches Königreich, das im Wesentlichen bis heute fortbesteht. Im mittelalterlichen Canterbury etablierte der heilige Augustinus das Christentum, und das Erzbistum ist noch immer Primas der anglikanischen Kirche. Auf dem Weg zu diesem Publikumsmagneten fährt man durch bezaubernde Örtchen, vorbei an Obstplantagen und Gemüsefeldern, die insbesondere die Grafschaft Kent zum Garten Englands machen. Kein Wunder, dass sich der Adel hier die schönsten Schlösser und Gartenanlagen schuf.

TOUREN IN DER REGION

TOUR 7

BRIGHTON, SÜDKÜSTE UND HINTERLAND

ROUTE: Brighton > Seven Sisters > Beachy Head > Hastings > Sheffield Park > Ditchling > Brighton

KARTE: Seite 134

DAUER: 3 Tage

PRAKTISCHER HINWEIS:

- Nehmen Sie Wanderschuhe mit, die Seven Sisters sollte man erlaufen.

TOUR-START:

Ausgangspunkt für diese Tour, die die spektakuläre Klippenlandschaft des Nationalparks South Downs mit Besichtigungen unterschiedlichster Kulturstätten verbindet, ist das Seebad **Brighton** 1 › S. 135. Hier sollten Sie einen ganzen Tag verbringen, an der Promenade spazieren und durch die Gassen der Lanes bummeln.

Am nächsten Morgen geht es dann Richtung Osten zu den Kreideformationen der **Seven Sisters** 2 › S. 138, die man am besten vom Coastal Path aus bewundert. Schwindel regt sich nur wenige Kilometer weiter östlich auf den hohen Klippen bei **Beachy Head** › S. 138. Entlang der normannischen Bucht erreichen Sie am Nachmittag **Hastings** 5 › S. 138 mit seiner kilometerlangen Strandpromenade und der hübschen Altstadt, wo die Fischer in schmalen, hohen Brettergebäuden ihre Netze zum Trocknen aufhängen.

Der nächste Morgen steht ganz im Zeichen von »1066«, dem Jahr, in dem Wilhelm aus der Normandie England eroberte. Die Schlacht fand 10 km landeinwärts in **Battle** 6 › S. 139 statt. Hier gründete Wilhelm nach seinem Sieg eine Abtei, in der heute die Hintergründe zum wichtigsten Datum der englischen Geschichte zu erfahren sind. Die Hügellandschaft des South Downs Nationalparks wird Sie einstimmen auf den großen **Sheffield Park Garden** 4 › S. 138, entworfen von Lancelot »Capability« Brown.

Von hier geht es noch einmal durch die South Downs ins Bilderbuchdorf **Ditchling** 3 › S. 138, wo sich ein Aufstieg auf den Hügel Beacon lohnt. Der Ausgangspunkt **Brighton** ist dann nur noch wenige Kilometer entfernt.

TOUR 8

CANTERBURY, SCHLÖSSER UND GÄRTEN

ROUTE: Canterbury › Leeds Castle › Sissinghurst › Rye › Great Dixter › Bodiam Castle › Scotney Castle › Tunbridge Wells › Penshurst › Hever Castle › Chilham › Canterbury

KARTE: Seite 134
DAUER: 4 Tage
PRAKTISCHER HINWEIS:
- Fans historischer Dampfloks können auch von Tenterden mit der historischen Schmalspurbahn der Kent & Sussex Railway bis nach Bodiam Castle fahren.

Auf dieser Rundfahrt erlebt man neben der landschaftlichen Vielfalt der Region eine der schönsten und bedeutendsten Kathedralen des Landes, prächtige Schlösser voller Geschichte und Geschichten, intime Gärten und herrschaftliche Parkanlagen.

TOUR-START:

Der erste Tag ist **Canterbury** 11 › S. 144 gewidmet, wo die ehrwürdige Kathedrale einen beeindruckenden Höhepunkt der entzückenden und sehr lebendigen Altstadt darstellt. Tags darauf führt die Tour durch die Hopfenfelder und Obstplantagen Kents zur Königin der Burgen und der Burg vieler Königinnen, **Leeds Castle** › S. 143, »the lovliest castle in the world«.

Die Gärten von **Sissinghurst** 9 › S. 141 sind das Werk einer extravaganten Schriftstellerin, die vor allem mit ihrem Konzept vom weißen Garten Berühmtheit erlangte. Von hier fahren Sie durch den Weald, ein historisches Waldgebiet, in das malerische ehemalige Schmugglerörtchen **Rye** 7 › S. 139, wo Sie übernachten. Am nächsten Vormittag wird Sie die Gartenanlage von **Great Dixter** 10 › S. 142 mit ihrer faszinierenden Symbiose aus Natur und Architektur verzaubern.

Märchenhaft sind auch die Burgruinen **Bodiam Castle** › S. 143 und **Scotney Castle** › S. 143, zwei in Landschaftsparks eingebettete Wasserschlösser.

Sie übernachten stilecht in **Royal Tunbridge Wells** 8 › S. 141, einem Kurbad, das im 18. Jh. mit Bath und Brighton zu den elegantesten des Landes zählte.

TOUREN IN DER REGION

TOUR 7

BRIGHTON, SÜDKÜSTE UND HINTERLAND

Brighton › Seven Sisters › Beachy Head › Hastings › Sheffield Park › Ditchling › Brighton

TOUR 8

CANTERBURY, SCHLÖSSER UND GÄRTEN

Canterbury › Leeds Castle › Sissinghurst › Rye › Great Dixter › Bodiam Castle › Scotney Castle › Tunbridge Wells › Penshurst › Hever Castle › Chilham › Canterbury

Auf dem Weg nach Hever Castle lohnt sich am nächsten Morgen ein Stopp im Dorf **Penshurst** L4, das einen Landsitz aus dem 14. Jh. in einem weitläufigen Park im Tudorstil beherbergt (TN11 8DG, April bis Okt. tgl. 12–16, Garten 10.30 bis 18 Uhr, £ 101,50 www.penshurstplace.com).

Hever Castle > S. 143, wo die zweite Gattin Heinrichs VIII., Anne Boleyn, das Licht der Welt erblickte, ist ein Anfang des 20. Jhs. restauriertes Wasserschloss inmitten herrlicher Gärten.

Auf dem Rückweg nach Canterbury fahren Sie am besten über Ashford und dann auf der A 28 durchs Tal des Stour, um im schönen Ort **Chilham** 12 > S. 146 einen der hübschen Pubs aufzusuchen oder durch die Antiquitätenläden zu bummeln.

UNTERWEGS IM SÜDOSTEN

BRIGHTON 1 ★ K5

Mitte des 18. Jhs. wurde in Brighton der Gedanke geboren, dass Meerwasser gut für die Gesundheit sei. Nachdem der Thronfolger, der spätere König Georg IV., seit 1783 regelmäßig in das einstige Fischerdorf reiste und sich die Stadt vom Hofbaumeister John Nash umgestalten ließ, löste der Kurort das bis dahin favorisierte Bath als Hauptstadt des begüterten Müßiggangs ab.

Brighton (zusammen mit Hove 278 000 Einw.) bietet den Besuchern heute eine vielfältige Auswahl an Pubs und Klubs, unter anderem gefördert durch die große etablierte Lesben- und Schwulenszene am Ort. Jedes Jahr im Mai findet auch ein renommiertes **Kulturfestival** statt (www.brightonfestival.org).

Zwar wurde in den letzten Jahren viel saniert, sodass die Strandpromenade und ganze Straßenzüge in der Innenstadt in neuem Glanz erstrahlen. Doch an der prächtigen Regency-Architektur mit ihren cremefarbenen Häuserfronten nagt wie eh und je die salzige Luft. Paradestück ist der **Brunswick Square** am Ostrand von Hove. Noch grandioser konzipiert ist das leicht geschwungene Ensemble **Adelaide Crescent** etwas weiter westlich.

DIE PIERS

Der **Brighton Pier** von 1899 ragt über 500 m weit ins Meer hinaus und beherbergt neben verspielten gusseisernen Unterständen v. a. einen Theatersaal sowie ein wahres Dorado für Freunde von Spielautomaten und Naschwerk: den Palace of Fun (www.brightonpier.co.uk). An schönen Sommerwochenenden und Feiertagen wird es zur Mühsal, sich hier durchs Gewühl zu kämpfen. Dann ist auch das benachbarte **Sealife Centre** mit seinen Aquarien voller interessanter Meeresbewohner gut besucht (tgl. 10–17 Uhr, Nebensaison nur bis 16 Uhr, ab £ 23, www.visitsealife.com/brighton).

Brighton Pier, ein Wahrzeichen der Stadt

Wer sich vom Pier auf der Promenade westwärts wendet, trifft in den frisch renovierten Betonbunkern der Strandanlagen auf Künstlerstudios und das **Fischereimuseum** (www.seafrontheritage.co.uk, Eintritt frei). Spielplätze und Volleyballfelder säumen die Promenade, wo auch nette Strandcafés und Bars liegen.

Ein Stück weiter erhebt sich die 162 m hohe Stange des neuen **»i360«**. In die verglaste Aussichtskapsel passen 200 Passagiere, die gemeinsam auf 138 m in die Lüfte schweben. Mit den Erlösen aus den Fahrpreisen soll der vor sich hin rostende **West Pier** dahinter saniert werden (Kernzeit 10-17.30, im Sommer bis 21.30 Uhr, www.britishairwaysi360.com).

DIE LANES

In den Lanes, einem Gewirr enger Gassen und Durchgängen des alten Fischerviertels, schlägt das Herz aller Liebhaber von Kunst und Trödel höher. Vor allem Juweliergeschäfte haben hier ihr Auskommen. Wer Erschwingliches und Ausgefalleneres sucht, sollte durch die **North Laine** bummeln, wo eher die Subkultur angesiedelt ist.

ROYAL PAVILION UND MUSEUM & ART GALLERY

Wer im Norden aus der Enge der Lanes heraustritt und die breite Einkaufsstraße North Street überquert, steht unvermittelt vor dem **Royal Pavilion** mit seiner pseudo-orientalischen Pralinenarchitektur. > mehr S. 15 Punkt 24

Als George IV. an der Wende zum 19. Jh. der damaligen Orientmanie erlag, ließ er erst das Innere des einst schlichten Stadtpalais mit Chinoiserien und indischen Preziosen anfüllen, ehe ihm John Nash, der sonst eher für klare Formen bekannt war, den heutigen Bau errichtete (tgl. April–Sept. 9.30 bis 17.45, sonst 10–17.15 Uhr, Eintritt £ 13,50, www.brightonmuseums.org.uk).

Neben dem Pavillon präsentiert die städtische **Museum & Art Gallery** bemerkenswerte Stücke angewandter Kunst wie das Sofa in Lippenform von Salvador Dalí und Edward James sowie Grafik des Art déco und Art nouveau (Royal Pavilion Gardens, BN1 1EE, Di–So 10 bis 17 Uhr, Eintritt £ 5,20).

INFO

Tourist Information

Fünfzehn benannte Visitor Points, u. a. im Royal Pavilion Shop und im Box Office im Brighton Centre (Seafront)

- Brighton | BN1 1EE
  Contact Centre: Tel. 01273-290 337
  www.visitbrighton.com

HOTELS

Grand Hotel €€–€€€

Das feinste der eher altmodischen Großhotels mit Strandblick. Hier genießen auch Staatsoberhäupter viktorianisches Brighton-Flair.

- 97–99 King's Road | Brighton
  BN1 2 FW | Tel. 01273-224 300
  www.grandbrighton.co.uk

Sea Spray €€

Boutiquehotel an hübschem Platz mit Regency-Architektur. Thematisch eingerichtete Zimmer (z. B. Marrakesch, Venedig). Preise saisonal sehr unterschiedlich.

- 26 New Steine | Brighton | BN2 1PD
  Tel. 01273-680 332
  www.seaspray.com-brighton.com

myhotel Brighton €€

Sehr individuelles Feng-Shui-Hotel in der North Laine, jedes Stockwerk in anderer Farbe, rundes Bett mitten im Zimmer, freies WLAN, LCD-Fernseher.

- 17 Jubilee Street | Brighton | BN1 1GE
  Tel. 01273-900 300
  www.myhotels.com/brighton

RESTAURANTS

English's Oyster Bar €€

In dem Fischercottage mit Wandfresken lokaler Künstler werden seit mehr als 150 Jahren Meeresfrüchte und Fisch serviert. Auch VIPs wie Laurence Olivier und Charlie Chaplin haben hier schon gespeist.

- 29–31 East Street
  Brighton | BN1 1 HL
  Tel. 01273-327 980
  www.englishs.co.uk

Ginger Pig €€

Eleganter Gastro-Pub in Hove, wenige Minuten vom Strand. Hohe Qualität zu mittleren Preisen, mit Außenterasse.

- 3 Hove Street | Brighton | BN3 2TR
  Tel. 01273-736 123
  www.thegingerpigpub.com

Food for Friends €–€€

Seit 1981 wird hier gleich bei den Lanes vegetarisch angerichtet; legere Atmosphäre und köstliches Essen.

- 17–18 Prince Albert Street
  Brighton | BN1 1HF
  Tel. 01273-202 310
  www.foodforfriends.com

PUBS

Cricketers €

Gepflegte Biere, anständiger Lunch, viktorianischer Nippes: ein Pub wie er im Buche steht.

- 15 Black Lion Street
  Brighton | BN1 1ND
  Tel. 01273-329 472
  www.cricketersbrighton.co.uk

The Dorset Street Bar €

Klassischer Pub, ein guter Platz in der North Laine für Frühstück, Kaffeepause oder ein Bier am Abend. Frz. Küche.

- 28 North Road | Brighton | BN1 1YB
  Tel. 01273-605 423
  www.thedorset.co.uk

AUSFLÜGE AB BRIGHTON

SEVEN SISTERS 2 UND BEACHY HEAD L5

Zwischen Brighton und Eastbourne, wo das Meer spektakuläre Klippen geformt hat, verkehrt die Buslinie 13 X (im Hochsommer 3 x tgl. um 9.15, 12.45 und 16.15 Uhr, sonst nur So/Fei, ab Brighton Station oder von der Haltestelle K am Sea Life Centre). Aussteigen sollte man nach einer guten Stunde bei **Beachy Head,** dem mit knapp 170 m höchsten Kreidefelsen Südenglands. Der rotweiße Leuchtturm warnt seit 1907 vor den gefährlichen Felsen. Von dem Panorama fasziniert, ließ Friedrich Engels hier seine Asche in alle Winde verstreuen.

Der Wanderweg South Down Way (128 km von Eastbourne nach Winchester) verbindet Beachy Head mit der Formation der **Seven Sisters** – die »sieben Schwestern« sind Kreidekliffs, voneinander getrennt durch jetzt trocken liegende einstige Flusstäler.

DITCHLING 3

Stündlich fährt der Bus 79 ab Old Steine in Brighton in etwa 30 Min. ins 15 km entfernte fotogene Dorf. Überragt wird es von der ca. 250 m hohen Bergkuppe **Ditchling Beacon,** den höchsten Punkt der South Downs – ein idealer Ausgangspunkt zum Paragliden (Unterricht gibt Fly Sussex, Tel. 01273-858170, www.flysussex.com). Ein gepflegtes Bier und ein Bett bekommt man im Pub **The Bull** (2 High St., www.thebullditchling.com).

SHEFFIELD PARK GARDEN 4 K4/5

Gut 25 km nördlich von Brighton an der A 275 liegt ein 40 ha großer Landschaftsgarten – geplant von »Capability« Brown, betreut vom National Trust. Im Frühjahr bezaubern Narzissen und Azaleen, im Herbst spiegelt sich die bunte Laubfärbung in den verschiedenen Seen (TN22 3QX, tgl. 10–17 Uhr, £ 11,90, www.nationaltrust.org.uk/sheffield-park-and-garden).

HASTINGS 5 L5

Der Ort (92 000 Einw.) ist ein für die Südostküste typisches Seebad mit viktorianischen Reihenhäusern und einem Pier. Hübsch ist die **Altstadt** und **The Stade** mit den schwarzen **Net Shops,** Holzhütten, in denen die Fischernetze getrocknet wurden und täglichem Fischmarkt. Neben zwei maritimen Museen, dem **Fishermen's** und dem **Shipwreck Museum** (beide Eintritt frei) und einem **Blue Reef Aquarium** (www.bluereefaquarium.co.uk/hastings) stellt die renommierte **Jerwood Gallery** britische Kunst des 20. und 21. Jhs. aus (Rock-A-Nore Rd., TN34 3DW, Di–So 11–17 Uhr, £ 9, www.jerwoodgallery.org).

Hastings führte einst den Vorsitz über die mittelalterliche Allianz der *Cinque Ports* und teilte ihr Schicksal: der Naturhafen versandete. Unbeeindruckt davon unterhalten die Fischer hier eine große Flotte, deren Boote vom Strand aus ausfahren.

Zu besichtigen ist **Hastings Castle**, wo die 20-minütige audiovisuelle »1066 Story« von Wilhelm dem Eroberer und seinen Normannen berichtet (Ostern–Okt. tgl. 10 bis 16 Uhr, Eintritt £ 4,95, www.discoverhastings.co.uk).

Die berühmte Schlacht, die einst alles veränderte, fand allerdings 10 km landeinwärts statt, nämlich in **Battle** › rechts.

HOTELS UND RESTAURANTS

Swan House B & B €€

Gehobenes B & B in einem Fachwerkhaus aus dem 16. Jh. in der Altstadt. Hübscher Garten.

- 1 Hill Street | Hastings | TN34 3HU
  Tel. 01424-430 014
  www.swanhousehastings.co.uk

First in Last out €

Mikrobrauerei in der Altstadt, die sich auf Bier und Cider spezialisiert. Di–Sa Lunch und Dinner, Mo Tapas-Abende, So nur Lunch, oft Livemusik.

- High Street
  Hastings | TN34 3EY
  Tel. 01424-425079
  www.thefilo.co.uk

Seed Hastings €

Tapas und Cocktails, auf die kleinen Teller kommt nur Frisches aus dem Netz der Fischer oder von örtlichen Farmen. Auch Performances.

- 50 George Street | Old Town
  Hastings | TN34 3EA
  Tel. 01424-429 221
  www.seedhastings.co.uk
  Mo–Mi geschl.

BATTLE 6 L5

10 km nördlich von Hastings kann man das Schlachtfeld und die Ruine der von Wilhelm zum Andenken an seinen Sieg gegründeten Abtei besuchen. Die siegreiche Invasion etablierte eine neue königliche Linie und viele bis heute gültigen Traditionen in England.

Ein Film, Audioguides und Informationstafeln stellen das Gemetzel und seine Folgen bildlich dar (April–Sept. tgl. 10–18, Okt. bis 17, sonst Sa, So 10–16 Uhr, £ 10,10). Jedes Jahr am 14. Oktober wird die Schlacht von vielen Freiwilligen historisch korrekt nachgespielt.

RYE 7 ★ L5

Aufgrund seiner Lage auf einem Hügel und den vielen Häusern aus dem 15. bis 18. Jh. an engen Kopfsteinpflastergassen wie der **Mermaid Street** könnte man meinen, ein mittelalterliches Disneyland vor sich zu haben.

Blick über die Dächer von Rye

Aber nein: Hier ist fast alles echt, nur gehen die Uhren ein bisschen anders, was man der Turmuhr von St. Mary's allerdings nachsieht: Ihre Quarterboys schlagen zur Viertelstunde anstatt zur vollen Stunde.

Das schönste Bild dürfte Rye bieten, wenn man von Osten her über die A259 kommt und dann vom Ufer des Flusses Rother ins Zentrum aufsteigt. Dabei sollte man sich ab und zu umdrehen und den Blick hinaus auf die Marschen und die Rye Bay genießen.

So hatte es nämlich der Autor Henry James getan, der sich bei einem Besuch in den Ort verliebte. Er wohnte (mit Unterbrechungen) von 1897 bis 1916, seinem Todesjahr, im eleganten **Lamb House**, wo er u.a. seinen Roman »The Ambassadors« schrieb (West St., TN31 7ES, Mitte März–Okt. Mo–Fr 11–17 Uhr, Eintritt £ 6,15, www.nationaltrust.org.uk/lamb-house).

INFO

Tourist Information Centre (TIC)

- 4/5 Lion Street | Rye | TN31 7LB
  Tel. 01797-229 049
  www.ryesussex.co.uk

HOTELS UND RESTAURANTS

The Mermaid Inn €€€
Berühmter Gasthof aus dem 15. Jh. mit Restaurant und Familienzimmern.

- Mermaid St. | Rye | TN31 7EY
  Tel. 01797-223 065
  www.mermaidinn.com

The Gallivant Hotel €€
7 km von Rye an der Küste gibt es im Beach Bistro dieses Hotels frischen Fisch aus Hastings. Michelin empfiehlt.

- New Lydd Road | Camber | TN31 7RB
  Tel. 01797-225 057
  www.thegallivant.co.uk

Rye Windmill B&B €€
Edelunterkunft im Wahrzeichen von Rye, der alten Mühle. Urige Atmosphäre.

- nahe Ferry Road | Rye | TN31 7DW
  Tel. 01797-224 027
  www.ryewindmill.co.uk

PUB

Ypres Castle Inn €

Einheimische kennen den 1640 eröffneten Pub mit Biergarten als The Wipers. Für das Bratenessen am Sonntag reserviert man besser. Fr Livemusik.

- Gungarden | Rye | TN31 7HH
  Tel. 01797-223 248
  www.yprescastleinn.co.uk

ROYAL TUNBRIDGE WELLS 8 L4

Der Ort (57700 Einw.) ist in England zum Inbegriff konservativer Ehrbarkeit geworden: Die Absenderangabe »Disgusted of Tunbridge Wells«, zu Deutsch etwa »ein empörter Bürger aus ...«, ist Synonym für anonyme Leserbriefe, die sich über die laxe Moral der heutigen Zeit beschweren. Sehenswert in der hübschen, sauberen Kleinstadt sind v.a. die **Pantiles**. Diese Fußgängerzone mit eleganten Kolonnaden, vielen kleinen Läden und Tea Shops entstand Ende des 17. Jhs., als die hiesigen Quellen bereits in ganz England hoch geschätzt waren. Tunbridge Wells gilt als ältestes Heilbad Englands (seit 1606 dokumentiert).

INFO

Tourist Information Centre (TIC)

- The Corn Exchange | The Pantiles
  Tunbridge Wells | TN2 5TE
  Tel. 01892-515 675
  www.visittunbridgewells.com

HOTEL

The Spa Hotel €€

Imposantes Herrenhaus (18. Jh.) mit 6 ha Garten und 69 Zimmern im dezenten Countrystil, dazu Restaurant, Bar und natürlich das hochgelobte Spa.

- Mount Ephraim | Tunbridge Wells
  TN4 8XJ | Tel. 01892-520 331
  www.spahotel.co.uk

RESTAURANT

Sankey's Pub & Seafood Brasserie €€

Pub, Brasserie und Fischladen in einem – so kann man hier ganz leger die heimischen Köstlichkeiten des Meeres genießen. Sankey's gehört im alten Fischmarkt auch die Champagnerbar.

- 39 Mount Ephraim | Tunbridge Wells
  TN4 8AA | Tel. 01892-511 422
  www.sankeys.co.uk
  So–Mi 12–23, Do–Sa 12–1 Uhr

AUSFLÜGE AB TUNBRIDGE WELLS

SISSINGHURST CASTLE GARDENS 9 11 L4

Sissinghurst ist das Mekka für Gartenliebhaber. Die Schriftstellerin Vita Sackville-West und ihr Mann Harold Nicolson erwarben 1930 den 2,5 ha großen elisabethanischen Landsitz und schufen hier eine der schönsten Gartenanlagen des ganzen Landes. Sie unterteilten ihre kunstvoll angelegten, heute vom National Trust betreuten Gärten in verschiedene »Räume«: Die Sammlung alter Rosensorten ist weltberühmt, aber mindestens ebenso faszinierend ist der thematische Weiße Garten.

LAND DER BURGEN UND SCHLÖSSER

Die gewaltigen Außenmauern von Leeds Castle

»My home is my castle« ist nicht grundlos ein uralter Leitspruch der Briten. Daheim ist man in England nicht König, sondern Ritter.

Etwa 30 der fast 100 Burgen, die in England zu besichtigen sind, liegen im Süden und Südosten nahe des Ärmelkanals, der Achillesferse in der Verteidigung der Insel. Wehrhaft mussten die Unterkünfte der Könige und des Adels im Mittelalter sein, bis man in ruhigeren Zeiten die zugigen Trutzburgen wohnlicher gestalten konnte – oder sie verfielen. Herausgekommen sind Traumschlösser und romantische Ruinen mit bezaubernden Park- und Gartenanlagen, auf deren Wassergräben oder Teichen sich heute Schwäne und Enten friedlich treiben lassen.

DOVER CASTLE M4

Imposant thront die Burganlage auf den berühmten weißen Klippen des Fährhafens. Ihre Bausubstanz stammt weitgehend aus der Zeit um 1180. Hinter den mächtigen Mauern verbergen sich noch ältere Gebäude: Saint-Mary-in-the-Castle ist eine Kirche aus sächsischer Zeit (um 1000), und was wie ein zweiter Kirchturm aussieht, ist der Rest eines römischen Leuchtturms (Pharos), der um 50 n. Chr. von römischen Besatzern errichtet worden sein soll. Besonders beeindruckend sind die unterirdischen Geheimgänge, die in dem Zustand zu besichtigen sind, wie sie zur Zeit des Zweiten Weltkriegs ausgesehen haben. Hier befand sich u.a. das Kommandozentrum, von dem aus Winston Churchill die alliierten Truppen befehligte und die Evakuierung von Dünkirchen leitete, sowie ein Lazarett (CT16 1HU, Febr./März Sa/So 10–16, April–Sept. tgl. 10–18, im Aug. ab 9.30 Uhr, Okt. 10–17, Nov.–Jan. Sa, So 10–16 Uhr, Eintritt £ 20).

LEEDS CASTLE L4

Aus der Ferne erscheint Leeds Castle als eine der großartigsten Burgen Englands. Der Fluss Len umfließt zwei Inseln, auf denen sich ein scheinbar makelloser Bau aus dem 12.–15. Jh. erhebt. Von Nahem stellt sich allerdings heraus, dass weite Teile des Mauerwerks um 1820 erneuert wurden; die Interieurs sind großteils Reproduktionen aus dem 19. und 20. Jh.

Die wildromantische Anlage hat ein Heckenlabyrinth, Gewächshäuser, Vogelvolieren und ein Hundehalsbandmuseum zu bieten. Im Park finden viele Events statt (Maidstone, ME17 1PL, April–Sept. tgl. Gelände 10–18, im Winter bis 17; Burg 10.30 bis 17, im Winter bis 16 Uhr, Eintritt £ 26,50, www.leeds-castle.com).

HEVER CASTLE K4

Tudor-Geschichte atmet das verwunschene Hever Castle. Hier wuchs Anne Boleyn auf, die zweite Gattin Heinrichs VIII. Im väterlichen Wasserschloss hatte ihr der König auch den Hof gemacht. Später schenkte er es als Scheidungsdomizil seiner vierten Ehefrau Anna von Kleve. Der Hotelmagnat William Waldorf Astor kaufte das Anwesen 1903, restaurierte es und ließ drum herum ein Tudordorf, einen klassischen italienischen sowie einen Rosengarten anlegen (TN8 7NG, März Mi–So 10.30 bis 16.30, Castle 12 bis 16.30, letzter Einlass 15, April–Okt. tgl. 10.30–18, Castle 12–18, letzter Einlass 16.30 Uhr, Nov. Mi–So flexible Öffnungszeiten, Eintritt £ 17,25, nur Garten £ 14,50, www.hevercastle.co.uk).

SCOTNEY CASTLE L4

Romantisch präsentiert sich die mittelalterliche Ruine mit Wassergraben, umgeben vom Blütenmeer eines Rhododendrongartens. Sie bildet den Angelpunkt eines märchenhaften Landschaftsszenarios, das erst 1837 im neugotischen Stil geschaffen wurde. Im Juli erklingen Opernkonzerte im Park (Lamberhurst, TN3 8JN, April–Okt. tgl. 10–17, Nov.–März 10–16, Haus tgl. an 11 Uhr, Eintritt £ 14,85, www.nationaltrust.org.uk/scotney-castle).

BODIAM CASTLE L4/5

Diese idyllische Wasserburg aus dem 14. Jh. ist ebenfalls eine Ruine, deren Außenmauern jedoch fast vollständig erhalten und und manche Türme und Wehrgänge sogar begehbar sind (TN32 5UA, tgl. 11 bis 17 Uhr, £ 9,80, www.nationaltrust.org.uk/bodiam-castle).

Ein nettes Erlebnis ist die Fahrt von Tenterden nach Bodiam mit der historischen **Kent & East Sussex Railway** (£ 18, www.kesr.org.uk).

INFO

- Biddenden Road
  Cranbrook | TN17 2 AB
  Tel 01580-710 700
  www.nationaltrust.org.uk/sissinghurst-castle
  März–Okt. tgl. 11–17.30 Uhr, £ 13,15

GREAT DIXTER GARDENS 10 [L4/5

In unmittelbarer Nähe zu Bodiam Castle › S. 143 zeigt dieser nur 2 ha kleine Garten rund um einen Herrensitz (15. Jh.) viel Abwechslung. Die Staudengärten, wo Kletterpflanzen, Sträucher und Einjährige geschickt kombiniert werden, ergänzen Wildblumenwiesen und kunstvoll geschnittene Gehölze. Hausherr ist der Gartenbuchautor Christopher Lloyd.

INFO

- Northiam | TN31 6PH
  www.greatdixter.co.uk
  April–Okt. Di–So 11–17, Haus ab 14 Uhr, Eintritt £ 12,65

CANTERBURY 11 M4

Virginia Woolf verglich Canterbury mit Florenz. Diese bis heute wundervolle Stadt erwuchs aus einer der ältesten dokumentarisch belegten Siedlungen Englands. Die Römer nannten den Ort nach dem hier ansässigen Stamm der Cantii *Durovernum Cantiacorum*.

KATHEDRALE 12

Der hl. Augustinus von Canterbury gründete 598 eine Benediktinerabtei, die die damaligen Könige von Kent förderten. Als Erzbischof Thomas Becket nach Auseinandersetzungen mit Heinrich II. 1170 durch königstreue Barone ermordet und drei Jahre später heiliggesprochen wurde, setzte ein Pilgerstrom zu seinem Grabmal in der Kathedrale von Canterbury ein, der bis heute nicht abgerissen ist. So steht die Hauptkirche der anglikanischen Glaubensgemeinschaft seit über 800 Jahren im Zentrum des Interesses.

Vom ersten, 1070 begonnenen normannischen Bau sind Reste erhalten, auf denen ab 1174 das erste bedeutende gotische Bauwerk Englands errichtet wurde. In einer zweiten Bauphase ab 1391 erhielt es seine heutige Gestalt (Ostern–Sept. tgl. 9–17.30, So 12.30–14.30, sonst 9 bis 17 Uhr, Eintritt £ 12,50, Audioguide £ 4, www.canterbury-cathedral.org).

DIE ALTSTADT ★

Im Norden der Domfreiheit steht die **King's School** mit ihrer normannischen Treppe, an der u. a. William Somerset Maugham unterrichtet wurde. Durch das Tor **Christchurch Gate** gelangt man in den mittelalterlichen Stadtkern, zuallererst auf den **Buttermarket Square** mit seinem mittelalterlichen Marktkreuz.

Die Publikumsattraktion **The Canterbury Tales** setzt Geoffrey Chaucers Pilgergeschichten vereinfachend, aber sehr eingängig mit hydraulisch bewegten Figuren um; dazu gibt es einen Audioguide, auch auf Deutsch (St Margaret's St., April bis Aug. tgl. 10–17, Sept.–Okt. bis

Die Sun Street in der Altstadt von Canterbury ist Fußgängerzone

16, Nov.–März Mi–So 10–16 Uhr, Eintritt £ 10,95, www.canterburytales.org.uk).

Um eine römische Ausgrabung wurde das **Roman Museum** errichtet, in dem ebenfalls mit Computeranimation und Ähnlichem gearbeitet wird (Butchery Lane, tgl. 10 bis 17 Uhr, £ 9).

Ein angenehmer Bummel führt über die High Street bzw. St Peter's Street zum **West Gate,** einem schönen mittelalterlichen Tor. Von Ostern bis September kann man auf dem River Stour Fahrten mit dem Punt unternehmen (ab Westgate Gardens oder mit Park & Punt Tours für £ 14 bereits von Wincheap außerhalb der Stadt; Tel. 07816-760 869, £ 12–16 pro Fahrt, www.canterburypunts.uk).

Malerisch sind auch die **Weavers,** Fachwerkhäuser im Tudorstil, die im 16. Jh. hugenottische Leinenweber bewohnten. Vor der beliebten **Alberrys Wine Bar** (39 Margaret's Street), startet die rund 90-minütige Ghost Tour of Old Canterbury. Der Führer durch gespenstische Episoden der Stadthistorie ist an Cape und Zylinder zu erkennen (Fr, Sa 20 Uhr, £ 10, Tel. 0845-519 0267, www.canterburyghosttour.com).

BUCH-TIPP

Erzbischof Becket und den Konflikt zwischen geistlicher und weltlicher Macht griffen z. B. Hanna Vollrath in **Thomas Becket** (Verlag Muster-Schmidt), T. S. Eliot in **Mord im Dom** (in »Die Dramen«, Suhrkamp) und Stefanie Jansen in **Wo ist Thomas Becket?** (Matthiesen Verlag) auf.

Karte S. 134

INFO

Tourist Information Centre (TIC)

Hier gibt es den Canterbury Attraction Passport.

- The Beaney House of Art
  18 High Street | Canterbury | CT1 2RA
  Tel. 01227-862 162
  www.canterbury.co.uk

HOTELS

Falstaff Hotel €€

Alter Gasthof (15. Jh.) mit 46 Zimmern beim West Gate: Bier und Bett sind hier gleichermaßen gepflegt.

- 8–10 St Dunstan's Street | Canterbury CT2 8AF | Tel. 01227-462 138
  www.thefalstaffincanterbury.com

Millers Arms €€

Gasthof 10 Minuten von der Innenstadt mit Blick auf die Ruine einer Wassermühle. Alle 11 Zimmer sind frisch renoviert und heißen nach Charakteren aus den Canterbury Tales. WLAN und tolles Frühstück.

- 2 Mill Lane | Canterbury | CT1 2AW
  Tel. 01227-456 057
  www.millerscanterbury.co.uk

RESTAURANTS/PUBS

The Canterbury Tales €

Pub gegenüber dem Marlowe Theatre mit gepflegter Atmosphäre und Brettspielen. Vegetarische Gerichte, abends gibt's gelegentlich Livejazz.

- 12 The Friars | Canterbury | CT1 2AS
  Tel. 01227-768 594

The Goods Shed €

Rustikales Restaurant über dem Farmer's Market, mit dessen Produkten auch gekocht wird.

- Station Road West | Canterbury CT2 8AN | Tel. 01227-459 153
  www.thegoodsshed.co.uk
  Di–Fr 8–23, Sa 9–23, So 9.30–16 Uhr, Mo geschl.

AUSFLÜGE AB CANTERBURY

INS STOUR-TAL: CHILHAM UND BOUGHTON ALUPH

Südlich von Canterbury führt die A 28 durch das liebliche Tal des Flusses Stour, das sich durch kleine Seen und schöne Dörfer auszeichnet.

Ein ländliches Schmuckstück ist **Chilham** 12 M4; am malerischen Dorfplatz verlockt der stilvolle Pub **The White Horse** (€) aus dem 15. Jh. zum Einkehren (The Square, CT4 8BY, Tel. 01227-730 355, www.thewhitehorsechilham.uk).

9 km südlich liegt der Weiler **Boughton Aluph** am Rand der North Downs um einen Anger. Vor dem **Flying Horse Inn** aus dem 15. Jh. (The Lees, TN25 4HH, Tel. 01233-620 914, www.theflyinghorseinn.co.uk, €) sitzt man ganz wunderbar im Schatten und kann beim Bier höflich einem guten Schlag oder Fang der Cricketspieler applaudieren. Englischer geht es nicht!

MARGATE 13 M4

Hauptattraktion dieses Seebades ist der kilometerlange Sandstrand. In unterirdischen Höhlen lagerten Schmuggler jahrhundertelang ihre Waren. Für Kunstfreunde ist der Besuch der **Turner Contemporary** ein Muss (The Rendezvous, Di–So 10–18 Uhr, Eintritt frei, www.turnercontemporary.org).

EXTRA-TOUREN

Steil hinauf geht es zur Burgruine von Tintagel

TOUR 9

GARTENRUNDREISE IN ZWEI WOCHEN

ROUTE: Dover > Brighton > Winchester > Abbotsbury > Exeter > Fowey > Falmouth > Penzance > Tintagel > Dunster > Bath > Stourhead > Salisbury > Dover

KARTE: Klappe hinten
DISTANZEN: **Dover** > **Brighton** 150 km; **Brighton** > **Winchester** 120 km; **Winchester** > **Abbotsbury** 117 km; **Abbotsbury** > **Exeter** 135 km; **Exeter** > **Fowey** (über Mount Edgcumbe und Polperro) 175 km; **Fowey** > **Falmouth** 75 km; **Falmouth** > **Penzance** 50 km; **Penzance** > **Tintagel** 115 km; **Tintagel** > **Dunster** 150 km; **Dunster** > **Bath** 75 km; **Bath** > **Stourhead** 52 km; **Stourhead** > **Salisbury** 65 km; **Salisbury** > **Dover** 275 km.
VERKEHRSMITTEL: Da die Tour im Fährhafen von Dover beginnt und endet, lohnt sich die Fährüberfahrt mit dem eigenen Wagen.

Diese Tour führt einmal längs durch ganz Südengland und bietet neben den herrlichen Gartenanlagen und der Natur auch einige der Hauptsehenswürdigkeiten der Region.

Von **Dover** › S. 142 geht es ins Seebad **Brighton** › S. 135 an der Südküste von Sussex. Auf dem Weg besuchen Sie die prächtigen **Sissinghurst Gardens** › S. 141 und den **Sheffield Park** › S. 138. In Brighton selbst bietet sich ein abendlicher Bummel an der Strandpromenade an; Shoppingbegeisterte wird es in die **Lanes** › S. 136 ziehen. Am nächsten Morgen steht das Herrenhaus **Petworth House** › S. 124 auf dem Programm, bevor es weiter nach **Winchester** › S. 128 geht, wo eine der prächtigsten Kathedralen Englands steht. Am nächsten Tag führt der Weg in die Grafschaft Dorset und an die Südküste. In **Abbotsbury** › S. 120 machen Sie Station und bewundern den subtropischen Garten. Über die A 35 gelangen Sie nach **Exeter** › S. 91, die Hauptstadt der Grafschaft Devon. Hier ist neben der Kathedrale auch das Hafenviertel eine Besichtigung wert. Die Schnellstraße 38 führt nun direkt nach **Plymouth** › S. 78, von wo aus Sie den Tamar nach Cornwall überqueren. Auf der **Rame Peninsula** › S. 80 können Sie kostenfrei in den herrlichen Gartenanlagen von **Mount Edgcumbe** › S. 80 wandeln. Wieder zurück auf der Schnellstraße, gelangen Sie in Windeseile zum elisabethanischen Landsitz **Lanhydrock House** › S. 77, bevor Sie im entzückenden Fischerort **Fowey** › S. 72 an der kornischen Riviera übernachten. Eindrückliche Erlebnisse versprechen das **Eden Project** › S. 72 gleich nördlich von Fowey und der **Trelissick Garden** › S. 60, der auf dem Weg nach **Falmouth** › S. 58 liegt. Am nächsten Morgen sollten Sie auch den subtropischen **Trebah Garden** › S. 61 in einer Schlucht unweit von Falmouth nicht versäumen. Danach besuchen Sie die lebendige Hafenstadt **Penzance** › S. 63, die auch Startpunkt für einen Tagesausflug auf die **Scilly-Inseln** › S. 64s ist. Weiter geht es an die Nordküste Cornwalls. Nach dem Mittagessen und einem ausgedehnte Spaziergang in **Padstow** › S. 74 ist **Tintagel** › S. 76, König Artus' Geburtsort, das Tagesziel. Anderntags erreichen Sie nach etwa einer Stunde den steilen Fischerort **Clovelly** › S. 97, bevor Sie die spektakuläre Nordküste Devons kennenlernen, die auch »die englische Schweiz« genannt wird. Über **Lynton** und **Lynmouth** › S. 95 gelangen Sie ins mittelalterliche **Dunster** › S. 94 zu Füßen einer Burg. Hier bleiben Sie über Nacht. Über **Glastonbury** S. 113 und seine legendäre Abteiruine und die kleine Kathedralenstadt **Wells** S. 112 gelangen Sie in den eleganten Kurort **Bath** S. 109, wo Sie den Abend in Ruhe ausklingen lassen können. Der nächste Vormittag ist dem hochherrschaftlichen Herrensitz von **Longleat** S. 111 gewidmet, bevor Sie am späten Nachmittag in der traumhaften Parkanlage von **Stourhead** S. 111 die Ruhe genießen und im Spread Eagle Inn einkehren können. Der nächste Morgen führt Sie zum Steinkreis von **Stonehenge** › S. 116. Bevor Sie in **Salisbury** › S. 114 übernachten, sollten Sie noch **Wilton House** › S. 115 mit seinen vielen Van-Dyck-Gemälden besichtigen. Auf dem Weg zurück nach Dover haben Sie am letzten Tag Gelegenheit, die **Wisley Gardens** › S. 130 zu sehen und das Wasserschloss **Leeds Castle** › S. 143 zu besuchen.

Lanhydrock House in seinen formalen Gärten

TOUR 10

SIEBEN TAGE DURCH KÖNIG ARTUS' ROMANTISCHEN WESTEN

ROUTE: Bristol > Bath > Wells > Tintagel > Exeter > Salisbury > Winchester > Avebury > Bristol

KARTE: Klappe hinten
DISTANZEN: **Bristol** > **Bath** 20 km; **Bath** > **Wells** 60 km; **Wells** > **Tintagel** 205 km; **Tintagel** > **Exeter** 100 km; **Exeter** > **Salisbury** 160 km; **Salisbury** > **Winchester** 40 km; **Winchester** > **Avebury** 80 km; **Avebury** > **Bristol** 75 km.
VERKEHRSMITTEL: Am angenehmsten ist für diese Tour sicher die Anreise mit einem günstigen Flug von und ab Bristol und das Anmieten eines Leihwagens.

Diese Route folgt den Spuren des Keltenkönigs Artus durch Südengland. Nach der Ankunft in **Bristol** > S. 105 schnuppern Sie erst noch ein wenig Hafenatmosphäre, dann geht es nach **Bath** > S. 109, wo Artus 577 n. Chr. eine Schlacht gegen die Sachsen gewonnen haben soll. Auf dem Abteigelände in **Glastonbury** > S. 113 finden Sie tags darauf seine Grablege und übernachten nahebei in der Kathedralenstadt **Wells** > S. 112. Durch Somerset und Devon geht es nun Richtung Westen bis an Cornwalls Nordküste nach **Tintagel** > S. 76, wo Artus angeblich geboren wurde. Am nächsten Tag fahren Sie durch das **Bodmin Moor** > S. 78, wo das Schwert Excalibur vermutet wird, nach **Exeter** > S. 91. Nach dem Frühstück führt die Tour wieder Richtung Osten: Auf der A 303 gelangen Sie zum Steinkreis von **Stonehenge** > S. 116, er gilt manchen als Grablege von König Artus. Quartier finden Sie im benachbarten **Salisbury** > S. 114 oder in **Winchester** > S. 128, dessen Burg angeblich die Tischplatte der Tafelrunde birgt. Von dort kehren Sie über **Avebury** > S. 116 mit seinem 5000 Jahre alten Steinkreis im gleichnamigen Ort zurück nach **Bristol**.

Viel ist nicht mehr übrig von Tintagel Castle

TOUR 11

ZU DEN DREHORTEN DER ROSAMUNDE-PILCHER-FILME IN NEUN TAGEN

ROUTE: Brighton > Bournemouth > Purbeck-Halbinsel > Abbotsbury > Exeter > Dartmoor mit Castle Drogo > Plymouth > Mount Edgcumbe > Looe und Polperro > Fowey > Falmouth > Lizard mit Mullion Cove, Kynance Cove und Coverack > St Michael´s Mount > Penzance > Minack Theatre > St Ives > Land's End > Padstow > Prideaux Place > Lanhydrock House > Exeter > Stonehenge > Salisbury > Brighton

KARTE: Klappe hinten
DISTANZEN: **Brighton** > **Bournemouth** 160 km; **Bournemouth** > **Exeter** 230 km; **Exeter** > **Plymouth** 105 km; **Plymouth** > **Fowey** 70 km; **Fowey** > **Coverack** 100 km; **Coverack** > **Minack Theatre** > **St Ives** 80 km; **St Ives** > **Land's End** > **St Ives** 75 km; **St Ives** > **Exeter** 200 km; **Exeter** > **Salisbury** 150 km; **Salisbury** > **Brighton** 140 km.
VERKEHRSMITTEL: Mit dem eigenen Auto oder Mietwagen. Passend zum Thema wäre natürlich ein schnittiges rotes Cabriolet angebracht.

Diese Rundreise führt Sie in das Herzland der Filme nach Romanen von Rosamunde Pilcher. Vom mondänen Seebad **Brighton** > S. 135, an dessen Pier Szenen für »Wenn nur noch Liebe zählt« spielen, fahren Sie über **Arundel** > S. 123 und den New Forest nach **Bournemouth** > S. 118. Hier entstanden Teile von »Kinder des Glücks«. Am nächsten Tag werden Ihnen die Landschaften der **Purbeck-Halbinsel** > S. 119 aus Filmen wie »Kinder des Glücks« vertraut vorkommen. Mit der Fähre setzen Sie nach **Studland** über und fahren von **Corfe Castle** > S. 119 zur **Abbotsbury Swannery** > S. 120, die im Film »Liebe im Spiel« Peters Schwanenzucht war. In **Exeter** > S. 91, wo Sie übernachten, ist die »Magie der Liebe« vor allem in der Altstadt um die gotische Kathedrale herum zu erspüren. Am nächsten Tag geht es ins **Dartmoor** > S. 83, wo der Drews Arms Pub bei **Castle Drogo** > S. 85 und der bezaubernde Ort **Widecombe** > S. 84 ebenfalls wiederholt zum Drehort für das ZDF-Team wurden. Sie übernachten in **Plymouth** > S. 78, dessen Stadtteil Barbican oft Kulisse war, u. a. für »Wiedersehen in Rose Abbey«. Am anderen Ufer des Flusses Tamar, auf der **Rame Peninsula** > S. 80 sollten Sie den Herrensitz **Mount Edgcumbe** > S. 80 einplanen (»Eine besondere Liebe«, »Küste der Träume«) und in den Gartenanlagen wandeln, bevor Sie die kurvenreiche Landstraße nach **Looe** und **Polperro** > S. 82 nehmen. Der Bahnhof von Looe und die Häfen der beiden Bilderbuch-Fischerdörfer dienten als Background für »Das Karussel des Lebens«. Derselbe Film führte das ZDF-Team auch nach **Fowey** › S. 72, wo Sie übernachten. Am nächsten Tag fahren Sie zum Naturhafen von **Falmouth** › S. 58 und weiter zur **Lizard Peninsula** › S. 62. **Mullion Cove** etwa war Schauplatz für »Wind der Hoffnung« und »Lichterspiele«, in **Kynance Cove** drehte sich das »Karussel des Lebens«. Nach der Übernachtung in **Coverack** › S. 62 geht es am nächsten Morgen in den äußersten Westen von Cornwall. Der **St Michael's Mount** › S. 64 liegt in der Bucht von **Penzance** › S. 63, dessen Promenade und subtropische Parkanlagen in Filmen wie »Die Muschelsucher« erscheinen. Entlang der Küste fahren Sie über **Mousehole** und **Lamorna** zum **Minack Theatre** › S. 66, wo Emma Litton verzweifelt versucht, ihrem entfremdeten Künstlervater in »Lichterspiele« näherzukommen. In **St Ives** › S. 67, das in den Romanen der Pilcher unter dem Pseudonym Porthkerris vorkommt, übernachten Sie zweimal, um genügend Zeit für den bezaubernden Ort und die Nordküste zu haben. Eine oft einspurige Küstenstraße bringt Sie entlang wilder Felsenabschnitte und vorbei an kleinen Fischer- und Bergarbeiterdörfern nach **Land's End** › S. 67. Am folgenden Tag ist die Fahrt nach **Padstow** › S. 74 ein Muss für alle Serienfans, denn oberhalb des schicken Hafens steht **Prideaux Place**, ein intimer Herrensitz, in dem die Kameras des ZDF am häufigsten surren. Eine noch imposantere Filmkulisse war **Lanhydrock House** › S. 77 für Szenen aus »Im Zweifel für die Liebe« und »Klippen der Liebe«. Danach heißt es Abschied nehmen von Cornwall. Zum Schlafen fahren Sie zurück nach **Exeter** › S. 91, um am nächsten Tag über **Stonehenge** › S. 116 (»Die Liebe ihres Lebens«) nach **Salisbury** › S. 114 weiterzureisen. Am kommenden Vormittag sollten Sie unbedingt die Kathedrale besichtigen, in der Szenen von »Die Liebe ihres Lebens« spielen, bevor Sie sich auf den Rückweg nach Brighton begeben.

St Michael's Mount dient in Rosamunde-Pilcher-Filmen als beliebte Hintergrundkulisse

INFOS VON A–Z

ÄRZTLICHE VERSORGUNG

Durch den National Health Service (NHS, www.nhs.uk, Tel. 111) erhalten Touristen in Notfällen kostenlose ärztliche Versorgung. Eine private Reisekrankenversicherung abzuschließen ist jedoch ratsam.

BARRIEREFREIES REISEN

Beratung und Unterstützung bietet

- **TFA, Tourism for All UK**
  7A Pixel Mill, 44 Applaby Road,
  Kendal, Cumbria LA9 6ES,
  Tel. 0845-124 9971,
  vom Kontinent: +44-1539-726 111,
  www.openbritain.net

DIPLOMATISCHE VERTRETUNGEN

- **Deutsche Botschaft**
  23 Belgrave Square, London
  SW1X 8PZ, Tel. 020-7824 1300,
  www.uk.diplo.de
- **Österreichische Botschaft**
  18 Belgrave Mews West, London SW1X
  8HU, Tel. 020-7344 3250,
  www.bmeia.gv.at/oeb-london
- **Schweizer Botschaft**
  16–18 Montagu Place,
  London W1H 2BQ,
  Tel. 020-7616 6000,
  www.eda.admin.ch/london

EINREISE

Es genügt der Personalausweis bzw. bei Schweizern die Identitätskarte oder ein Reisepass, der noch bis zum Ende der Reise gültig sein muss. Kinder benötigen ein eigenes Reisedokument.

EINTRITTSPÄSSE

Freien Eintritt zu vielen Sehenswürdigkeiten bieten der **National Trust Touring Pass** (7 Tage 38 €, 2 Erw. 66,50 €, Familien 73 €; 14 Tage 43,50 €, 2 Erw. 79 €, Familien 92,50 €) und der **English Heritage Overseas Visitor Pass** (9 Tage 38 €, 2 Erw. 65 €, Familien 2 Erw. und bis zu 4 Kinder unter 18 Jahren 71 € oder für 16 Tage 44,50 €, 2 Erw. 76,50 €, Familien 82,50 €). Alle Pässe erhältlich über Visit Britain › **S. 154, Information.**

ELEKTRIZITÄT

Die Netzspannung beträgt 240 Volt Wechselstrom. Für Steckdosen benötigt man dreipolige Adapter.

FEIERTAGE

Neujahr (New Year's Day), Karfreitag (Good Friday), Ostermontag (Easter), 25. und 26. Dezember (Christmas Day und Boxing Day), sowie 1. und letzter Mo im Mai, letzter Mo im August.

GELD

Das Pfund Sterling (£) ist in 100 Pence unterteilt. Münzen: 1, 2, 5, 10, 20, 50 p und £ 1, 2; Scheine: £ 5, 10, 20 und 50.

Kreditkarten sind in Großbritannien sehr gebräuchlich und funktionieren wie Bankkarten auch an Geldautomaten.

Wechselkurse (Stand Jan. 2019): 1 € = £ 0,89; 1 CHF = £ 0,79; £ 1 = 1,12 €/1,27 CHF

HAUSTIERE

Zusätzlich zum EU-Heimtierpass gelten für Haustiere bei der Einreise die Bedingungen (Impftierbestimmung plus Ekto-/

BREXIT

Da bei Redaktionsschluss die endgültigen Umstände des Austritts Großbritanniens aus der EU noch nicht bekannt waren, informieren Sie sich zum Zeitpunkt Ihrer Reise bitte über die aktuellen Einreise- und Zollbestimmungen.

Endoparasitenbehandlung) des Pet Travel Scheme (PETS). Details über:

- **DEFRA PETS Helpline**
  Tel. +44-345-933 5577,
  www.gov.uk/take-pet-abroad/overview

INFORMATION

Sehr informativ ist die Website der britischen Tourismusbehörde **Visit Britain** www.visitbritain.com/de/de.

- **In England** informieren viele Orte nur noch über ihre Webseite, andere haben kleine **Information Points,** einige haben noch ein **Tourist Information Centre (TIC),** das in der Regel werktags 10–17 Uhr geöffnet ist.
- **Visit England**
  www.visitengland.com
- **Für Cornwall**
  www.letsgocornwall.com
- Auskunft über seine Ferienhäuser erteilt **The National Trust,** Holiday Contact Centre, PO Box 536,
  Melksham, Wiltshire SN12 8SX,
  Tel. +44-(0)1225-792 274,
  www.nationaltrustcottages.co.uk

MASSE UND GEWICHTE

Offiziell gilt das metrische System, aber im Alltag sind die alten Einheiten noch gebräuchlich:

- 1 mile (mi.) = 1,609 km
- 1 pint (pt.) = 0,568 Liter
- 1 gallon (gal.) = 4,5459 Liter
- 1 ounce (oz.) = 28,35 Gramm
- 1 pound (lb.) = 453,6 Gramm

NOTRUF

Feuerwehr, Notarzt, Polizei: Tel. 999

ÖFFNUNGSZEITEN

- **Banken:** Mo–Fr mindestens 9.30 bis 16.30 Uhr oft auch Sa vormittags
- **Geschäfte:** Mo–Sa mindestens 10–17.30 Uhr, So 12–16 Uhr, in der Hochsaison oft auch länger.
- **Museen:** meist tgl. 10–17/18 Uhr.
- **Postämter:** Mo–Fr 9–17.30 Uhr und Sa vormittags, manche auch So.
- **Pubs:** meist 11–23 Uhr (auf dem Land manchmal 15–17 Uhr geschlossen).

RAUCHVERBOT

In öffentlichen Gebäuden, auch Pubs etc., ist Rauchen strikt verboten. Verstöße kosten £ 50 Bußgeld.

TELEFON/HANDY

- **Mobiltelefone** funktionieren in britischen Netzen in der Regel problemlos.
- Kostenfreies **Wi-Fi** (WLAN) bieten viele Hotels, Pubs und Cafés an.
- **Internationale Vorwahlnummern:**
  Deutschland: 0049, Österreich: 0043, Schweiz: 0041, Großbritannien: 0044

TRINKGELD

Taxifahrer erwarten 10–15 % des Fahrpreises. Steht auf der Speisekarte »Service NOT included«, gilt fürs Restaurant derselbe Prozentsatz. Im Pub gibt man in der Regel keinen *tip*.

ZOLL

Für EU-Bürger sind Waren des privaten Bedarfs zollfrei. Für Schweizer gilt: 200 Zigaretten od. 250 g Tabak, 1 l Alkoholika über plus 2 l unter 22 Vol.-%, 60 ml Parfüm od. 250 ml Eau de Toilette sowie andere Waren im Wert bis £ 145.

URLAUBSKASSE

• Tasse Kaffee:	£ 2–3
• Softdrink:	£ 2,50–3
• Glas Bier (Pint):	£ 4–5
• Cornish Pasty:	£ 3,50
• Kugel Eis:	£ 2,50–3
• Taxifahrt (3 Meilen/ 5 km im Durchschnitt):	£ 15–20
• Mietwagen/Tag:	£ 50
• 1 l Superbenzin:	£ 1,14

REGISTER

BILDNACHWEIS

Coverfoto: Isle of Wight, England © laif/Gerber, Tobias
Fotos Umschlagrückseite: Shutterstock/Weber, Cedric (links); laif/Gerber, Tobias (Mitte und rechts)

Andrews, Jürgen: 84, 112, 115, 120, 137; APA Publication/Wassmann, Bill: 125; APA/Evans, Lydia: 43; Fotolia/CJohns: 150; Fotolia/Fotomicar: 87; Getty Images/English Heritage/Heritage Images: 15; Getty Images/Geography Photos/UIG: 14; Getty Images/Graham Custance Photography: 20; Getty Images/Hawkins, Colin: 28; Getty Images/Photography Aubrey Stoll: 41; Huber Images/Canali, Pietro: 6/7, 68, 75; Huber Images/Rellini, Maurizio: 92; laif/Gerber, Tobias: 8 u., 46, 100, 127; laif/Haenel, Gerald: 59; laif/Kirchgessner, Markus: 98; laif/Loop Images/Gibson, Matt: 131; laif/Loop Images/Hart, Russell: 66; laif/Loop Images/Joiner, Craig: 50; laif/Loop Images/Scammell, Gordon: 32/33, 48; laif/Loop Images/Warren, Chris: 107; laif/Loop Images/Wasek, Sebastian: 147; laif/robertharding/Tomlinson, Ruth: 110; laif/robertharding/Winter, Tim: 10; LOOK-foto/age fotostock: 108, 119, 140; Martin, Dorothea: 8 o., 13; mauritius images/Alamy: 61; mauritius images/imageBROKER/Keller, Markus: 73; Shutterstock/Alice-D: 71; Shutterstock/Bird, Christine: 145; Shutterstock/Brian S.: 22; Shutterstock/Charles Mike: 95; Shutterstock/Coell, Sebastien: 91; Shutterstock/Evocation Images: 45; Shutterstock/Ho, Jason: 152; Shutterstock/Johns, Oscar: 89; Shutterstock/Latham, Scott: 18; Shutterstock/Martin, Paul J.: 16; Shutterstock/Martin, Paul J.: 25; Shutterstock/Naumov, Dmitry: 123; Shutterstock/Samot: 149; Shutterstock/stocker1970: 117; Shutterstock/theapflueger: 17; Shutterstock/Thoom: 37; Shutterstock/travellight: 79; Shutterstock/Watson, Kath: 65; Shutterstock/Weber, Cedric: 142; Smit, Tim: 26.

Liebe Leserin, lieber Leser,
wir freuen uns, dass Sie sich für diesen POLYGLOTT on tour entschieden haben.
Unsere Autorinnen und Autoren sind für Sie unterwegs und recherchieren sehr gründlich, damit Sie mit aktuellen und zuverlässigen Informationen auf Reisen gehen können.
Dennoch lassen sich Fehler nie ganz ausschließen. Wir bitten Sie um Verständnis, dass der Verlag dafür keine Haftung übernehmen kann.

Ihre Meinung ist uns wichtig. Bitte schreiben Sie uns:
GRÄFE UND UNZER VERLAG
Postfach 86 03 66, 81630 München, Tel. 0 89 / 419 819 41
www.polyglott.de

LESERSERVICE
polyglott@graefe-und-unzer.de
Tel. 0 800 / 72 37 33 33 (gebührenfrei in D, A, CH), Mo–Do 9–17 Uhr, Fr 9–16 Uhr

1. Auflage 2019

Dieses Buch wurde auf chlorfrei gebleichtem Papier gedruckt.
ISBN 978-3-8464-0418-8

Verlagsleitung: Grit Müller
Verlagsredaktion: Anne-Katrin Scheiter
Autorin: Dorothea Andrews
Redaktion: Martin Waller
Bildredaktion: Lisa Rost
Mini-Dolmetscher: Langenscheidt
Umschlaggestaltung & Layout: Independent Medien Design, München
Horst Moser (Artdirection), Lucie Heselich
Karten und Pläne: Theiss Heidolph und Kunth Verlag GmbH & Co. KG
Satz: Tim Schulz, Mainz
Herstellung: Anna Bäumner, Gloria Schlayer
Druck und Bindung: Printer Trento, Italien

PEFC
PEFC/18-31-506

GRÄFE UND UNZER
Ein Unternehmen der
GANSKE VERLAGSGRUPPE

MINI-DOLMETSCHER ENGLISCH

ALLGEMEINES

Guten Morgen.	Good morning. [gud **moh**ning]
Guten Tag. (nachmittags)	Good afternoon. [gud after**nuhn**]
Hallo!	Hello! [häl**loh**]
Wie geht's?	How are you? [hau **ah**‿ju]
Danke, gut.	Fine, thank you. [**fain, θänk**‿ju]
Ich heiße ...	My name is ... [mai **nehm**‿is]
Auf Wiedersehen.	Goodbye. [gud**bai**]
Morgen	morning [**moh**ning]
Nachmittag	afternoon [after**nuhn**]
Abend	evening [**ihw**ning]
Nacht	night [nait]
morgen	tomorrow [tu**morr**oh]
heute	today [tu**deh**]
gestern	yesterday [**jes**terdeh]
Sprechen Sie Deutsch?	Do you speak German? [du‿ju spihk **dsehöh**mən]
Wie bitte?	Pardon? [**pah**dn]
Ich verstehe nicht.	I don't understand. [ai **dohnt** ander**ständ**]
Würden Sie das bitte wiederholen?	Would you repeat that please? [wud‿ju ri**piht** ðät, **plihs**]
bitte	please [**plihs**]
danke	thank you [**θänk**‿ju]
was / wer / welcher	what / who / which [wott / huh / witsch]
wo / wohin	where [wäə]
wie / wie viel	how / how much [hau / hau **matsch**]
wann / wie lange	when / how long [wänn / hau **long**]
warum	why [wai]
Wie heißt das?	What is this called? [**wott**‿**is** ðis **kohld**]
Wo ist ...?	Where is ...? [**wäər**‿is ...]
Können Sie mir helfen?	Can you help me? [kän‿ju **hälp**‿mi]
ja	yes [jäss]
nein	no [noh]
Entschuldigen Sie.	Excuse me. [iks**kjuhs** miðə
rechts	on the right [on ðə reit]
links	on the left [on ðə left]
Gibt es hier eine Touristeninformation?	Is there a tourist information? [is‿ðər‿ə **tuə**rist infəmehschn]
Haben Sie einen Stadtplan?	Do you have a city map? [du‿ju häw‿ə **ßi**ti mäpp

SHOPPING

Wo gibt es ...?	Where can I find ...? [**wäə** kən‿ai **faind** ...]
Wie viel kostet das?	How much is this? [**hau**‿matsch **is**‿ðis]
Das ist zu teuer.	This is too expensive. [ðis‿is **tuh** iks**pänn**ßiw]
Das gefällt mir (nicht).	I like it. / I don't like it. [ai **laik**‿it / ai **dohnt laik**‿it]
Wo ist eine Bank / ein Geldautomat?	Where is a bank / a cash dispenser? [**wäər**‿is ə‿**bänk** / ‿ə **käsch** dispännser]
Geben Sie mir 100 g Käse / zwei Kilo ...	Could I have a hundred grams of cheese / two kilograms of ... [kud‿ai häw‿ə **hann**drəd grämms‿əw **tschihs** / **tuh kill**əgrämms‿əw ...]
Haben Sie deutsche Zeitungen?	Do you have German newspapers? [du‿ju häw **dsehöh**mən **njuhs**pehpers]

ESSEN UND TRINKEN

Die Speisekarte, bitte.	The menu please. [ðə **männ**ju plihs]
Brot	bread [bräd]
Kaffee	coffee [**koffi**]
Tee	tea [tih]
mit Milch / Zucker	with milk / sugar [wið‿**milk** / **schugg**er]
Orangensaft	orange juice [**orr**əndseh‿dsehuhs]
Mehr Kaffee, bitte.	Some more coffee please. [ßəm‿moh **koffi** plihs]
Suppe	soup [ßuhp]
Fisch	fish [fisch]
Fleisch	meat [miht]
Geflügel	poultry [**pohl**tri]
Beilage	sidedish [**ßaid**disch]
vegetarische Gerichte	vegetarian food [wädsehə**tä**riən fud]
Eier	eggs [ägs]
Salat	salad [**ßäl**əd]
Dessert	dessert [di**söht**]
Obst	fruit [fruht]
Eis	ice cream [ais **krihm**]
Wein	wine [wain]
weiß / rot / rosé	white / red / rosé [wait / räd / **roh**seh]
Bier	beer [**biə**]
Mineralwasser	mineral water [**minn**rəl wohter]
Ich möchte bezahlen.	I would like to pay. [ai‿wud **laik**‿tə **peh**]

MEINE ENTDECKUNGEN

Teilen Sie Ihre Entdeckungen auf facebook.com/Polyglottreisewelt.

CHECKLISTE CORNWALL

Nur da gewesen oder schon entdeckt?

- [ ] **KYNANCE COVE**
Die wunderschöne Bucht mit hübschem Café ist nur einen Steinwurf von Lizard Point entfernt und doch weitab des Touristenrummels. > S. 29, 62

- [ ] **ST NICHOLAS MARKET, BRISTOL**
Hier kann man sich mittags schnell, gut und günstig einmal um die ganze Welt futtern. Dazu witzige Souvenirs, ausgeflippte Mode und origineller Schmuck. > S. 106

- [ ] **SCARLET HOTEL, NEWQUAY**
In dieser Wohlfühloase hoch über den Klippen trifft Luxus auf grünes Bewusstsein. > S. 31, 74

- [ ] **MOUNT EDGCUMBE**
Das herrliche Anwesen direkt am Plymouth Sound erfreut ganzjährig mit Pflanzen aus aller Welt, und das auch noch kostenfrei. > S. 80

- [ ] **SKULPTURENGARTEN DES BARBARA HEPWORTH MUSEUM, ST IVES**
In einem subtropischen Garten stehen großformatige Skulpturen. Einzigartig! > S. 15, 67

- [ ] **EDEN PROJECT**
Ein subtropischer Dschungel und mediterrane Vegetation sind seit 2001 in den größten Gewächshäusern der Welt zu bestaunen. > S. 72

- [ ] **BLUE PETER, POLPERRO**
In diesem Pub fühlt man sich wie in der Kajüte eines Kapitäns – und gleichzeitig aufgehoben wie unter Freunden. Der perfekte Ort, um lokale Ales zu probieren und deftiger Hausmannskost zu frönen. > S. 82

MITBRINGSEL

- **Silbernes Pisky:** verheißt dem Träger Gesundheit, Wohlstand und Glück > S. 17, 82
- **Cornwall-Sekt:** macht in puncto Qualität selbst dem französischen Champagner Konkurrenz > S. 14, 77